KB028128

마흔이후는,
사람공부
돈공부

주변과 소통하며 세상과 친해지는 연습

마흔이후는, 사람공부 돈공부

박길상 지음

RITEC
CONTENTS

"인생은 우리 스스로 만드는 것이다. 이전에도 그랬고, 앞으로도 늘 그럴 것이다."

_미국의 국민화가 모지스(Moses)

　짧지 않은 인생을 살아오면서 얻은 몇 가지 결론이 있다. 그 중 첫 번째는 자신이 살아온 삶을 후회하는 것은 마음을 고통스럽게 할 뿐이라는 것이고, 두 번째는 미래에 대한 막연한 '두려움'을 갖지 말자는 것이다. 후회(後悔)와 기우(杞憂)는 삶의 질을 떨어뜨리는 요소이다. 롱펠로의 〈인생예찬〉이란 시에는 다음과 같은 구절이 있다.

"아무리 즐거워도 '미래'를 믿지 마라.
죽은 '과거'는 그대로 묻어 버려라.
행동하라, 살아 있는 '현재'에 행동하라.
안에는 마음이, 머리 위에는 신(神)이 있다."

산다는 것은 힘들고 두려운 일이며, 자신이 얼마나 작고 나약한 존재인가를 깨닫는 과정이다. 그런 인생살이의 두려움과 슬픔을 상쇄하기 위한 기쁨의 크기는 상대적이다. 뜻밖의 사소한 즐거움이 커다란 고독감을 충분히 달래줄 수 있다. 그래서 인간은 죽을 때까지 현재를 재미있고 유쾌하게 살아야 한다.

나이가 들면 하고 싶었던 일을 맘껏 못했다는 아쉬움으로 우울해질 수도 있다. 하지만 인생은 아직 끝나지 않았다. 지금부터라도 하고 싶었던 일들을 시도해 보자. 나이 듦은 쇠락하는 것이 아니고, 점진적으로 성숙해지는 과정이다. 며칠을 살더라도 나 자신의 인생임을 잊지 말자.

새로운 출발을 다짐했다면, 자신의 선택을 신뢰하고 남들과 비교하지 말자. 현재의 나는 과거의 결과물이다. 우리 모두에게는 비축된 경험이 있다. 바로 이런 것들이 모여 지식이 되고 재주가 된다. 프랑스에서는 노인을 '앙금 없는 포도주' 같다고 한다. 성숙한 노인을 투명하게 잘 숙성된 빛과 향기를 가진 와인에 비유한 것이다.

우리가 그렇게 귀하게 여기는 시간을 재앙으로 느끼게 만드는 세상이 곧 '인생 100세 시대'이다. 100세까지 사는 인생이 축복이 되려면 건강하고 행복하게 살아야 한다. 그러나 지친 현대인들에게는 다른 생각할 여유가 없다.

퇴직 후에도 평균 30년 내지 40년을 더 살아야 하는 우리들에게는 삶의 변화가 요구된다. 기대수명이 크게 늘기 전에는 재테크만으로 은퇴준비가 끝나는 것으로 생각하던 시대도 있었다. 하지만 이제는 금전적인 면이 아니라 삶을 대하는 태도에도 관심을 두어야 한다. 이러한 것들을 이제는 마흔이후부터 차근차근 준비해야 한다.

이 책의 1장은 '돈공부편'으로 문자 그대로 '내 일생의 재산을 관리하기 위한 장기적인 청사진'을 작성함으로써 삶의 각 단계에서 합리적이고 효율적인 재테크를 실천할 수 있게끔 주춧돌을 확립하는 것을 뜻한다. 돈공부 과정도 없이 무작정 재테크를 하고 자산을 늘리겠다고 나서는 것은, 마치 이야기도/배우도/무대장치도 계획하지 않은 채 연극이나 뮤지컬을 기획하는 것과 같이 무모한 것이다.

2장은 '사람공부편'으로 인생은 누가 대신 살아주는 것이 아니다. 홀로 걸어가야 하는 길이기에 외로운 길이다. 하지만 그 길을 같이 걸어주는 사람이 있다면 인생이든 비즈니스든 결코 외롭지 않을 것이다. 그러기 위해선 사람공부를 해야 한다.

3장은 정신적 독립을 통해 모든 것을 가능하게 만드는 '멘탈 공부'. 4장은 내 몸을 변하게 해서 인생을 바꾸는 '내 몸 공부'. 5장은 나이가 들을수록 혼자 노는 것의 즐거움을 알려주는 '마음공부'를 설명한다.

　그리고 마지막 장에서는 인생 후반기에 역전골을 넣은 5명의 '롤 모델'과 그들의 성공 요소들, 그리고 필자가 직접 경험하거나 주변의 많은 성공한 사람들을 통해 얻은 성공방정식인 세상을 사는 지혜를 소개하였다. 행복한 인생 마흔이후를 고대하는 독자들에게 작은 도움이 되기 바란다.

　셰익스피어도 "행동은 가장 강력한 설득력이다. 만약 오늘을 가장 설득력 있는 행동으로 시작한다면, 내일은 가장 설득력 있는 결과를 얻게 될 것이다."라고 말하였다.

　책에서 제시하는 것들을 실천으로 옮기다보면, 마흔이후 역전골의 찬스가 올 것이다.

　마흔이후의 삶은 더 이상 리타이어(Retire)가 아니다. 리스타트(Restart)이다.

박길상

| 목차 |

PART 1

당신에게 필요한 첫 번째_돈공부
"여유자금이 나를 자유롭게 한다"

PART 2

당신에게 필요한 두 번째_사람공부
"고민의 많은 부분은 지인으로부터 생긴다"

PART 3

당신에게 필요한 세 번째_멘탈공부
"물질적인 독립보다 정신적 독립이 우선이다"

PART 4

당신에게 필요한 네 번째_내 몸 공부
"몸이 변해야 인생이 바뀐다"

PART 5

당신에게 필요한 다섯 번째_마음공부
"나이가 들수록 혼자 노는 것에 익숙해져라"

PART 6

마흔이후,
리타이어^{Retire}가 아닌 리스타트^{Restart}

PART 7

마흔이후,
역전골을 넣은 사람들

당신에게 필요한
첫 번째_돈공부

"여유자금이 나를 자유롭게 한다"

사람을 상처 입히는 세 가지가 있는데
번민, 말다툼, 텅 빈 지갑이 그것이다.
그 중에서도 텅 빈 지갑이 가장 크게 상처 입힌다.

- 탈무드 -

경제신문, 재테크 공부의 최고의 교본

●
●
○

세계적인 집필가인 오그 만디노의 저서 〈위대한 상인의 비밀〉에 나오는 "첫 번째 비밀 두루마리"에는 나쁜 습관을 버리고 좋은 습관의 노예가 되어 "오늘부터 나는 새로운 삶을 시작한다."라는 내용이 채워져 있다. 다음은 책 일부를 발췌한 내용으로, 습관이 얼마나 중요한지 일깨워준다.

"실패한 사람과 성공한 사람 사이에는 단 한 가지
차이가 있을 뿐이다. 습관의 차이가 그것이다. 좋은

습관은 모든 성공의 열쇠이며, 나쁜 습관은 실패를 향해 열린 창문과 같다. 그래서 다른 무엇보다도 내가 지켜야 할 첫 번째 법칙은 '좋은 습관을 만들고 그 습관의 노예가 되라'는 것이다."

세계 최고의 갑부, 오마하의 현인, 버크서 해서웨이의 회장 겸 최고경영자, 투자의 귀재로 불리는 워런 버핏(Warren Buffett)은 "두 명의 당신은 있을 수 없다(There can't be two yours)."를 좌우명으로 삼고 있다. 우리는 나만의 인생을 살아야 한다. 그 삶의 독특함은 좋은 습관으로부터 시작된다. 나는 실패한 사람은 아니지만 워런 버핏처럼 갑부가 되지 못한 이유 중 하나는 종이신문을 보는 습관을 일찍 깨닫지 못해서가 아닐까 생각한다.

워런 버핏은 새벽에 일어나서 종이신문 읽기로 하루 일과를 시작한다고 한다. 왜 일까? 이것은 시시각각 변화하는 시장에 대한 정확한 판단력을 키우는 최선의 방법임을 잘 알고 있기 때문이다.

모든 현대인들은 경제활동을 한다. 돈은 사람을 좀 더 자유롭게 하고, 여유자금이 많을수록 더 많은 자유도 얻을 수 있다. 이런 이유 때문에 현대인에게 경제지식은 필수이고, 수시로 경제기사를 접하며 눈에 익히는 것이 필요하다. 이런 방식으로 성공한 부자가 많다. 왜 그들은 신문기사를 읽으며, 또 어떻게 읽을까?

기사도 유통된다고 한다. 루머에서 시작하여 입소문으로, 그 다음 취재를 통해 기사화된다. 기사화되기 전에 재빠른 판단으로 행동에 옮기는 사람들이 제일 고수이겠지만, 기사의 신뢰성 등이 검토되지 않은 상황에서는 위험이 따른다. 하지만 위험을 감수한 만큼 이익도 크다.

한편 기사를 본 후에 행동하면, 정보를 아는 사람이 많아져서 뉴스로서의 가치는 떨어진다. 기사화가 되었든 아니든 읽는 방법에 있어서도 역발상으로 "뒤집어 읽는 것"이 유리할 수 있다. 또 발품을 팔아 현장의 정확한 사실을 확인해야 할 경우도 있다.

무엇보다 읽는 것이 중요하다. 따라서 어느 신문을 구독하고, 언제, 어떤 방식으로 읽을지를 결정해야 한다. 신문읽기로 성공한 사례가 있다. 모 은행 PB의 경우 오전에 신문 1개를 전부 일독하고, 출근 후 사무실에서 짬짬이 신문과 잡지를 읽고, 퇴근 후 신문 5개를 정독하고 나서 스크랩하는 습관을 들였다고 한다. 그 결과로 본인도 부자가 되었고, 은행 PB로서 고객들에게 신뢰를 받고 있다고 한다. 신문의 힘이 얼마나 큰지 짐작하게 하는 사례다.

중국의 시왕그룹 류융하오는 신문을 구독하는 양이 엄청나게 많다고 하고, 일본의 정치가이자 이토추 상사의 회장이었던 세지마 류조는 신문기사를 통해 오일쇼크가 일어나기 6개월 전에 예측하고 대비하여 막대한 부를 이루었다고 한다. 물론 기사를 맹신하는 것은 금물이다. 지나치게 강조된 기사는 조심스럽게 접근해야 한다. "기사는 이미 과거이며, 투자는 미래를 보는 것"이므로 선택에 신중을 기하라는 것이다. 더구나 현대는 너무나 많은 정보매체가 범람하고 있어 '뉴스의 해일시대'이므로 더욱 조심해야 한다.

하지만 꾸준히 읽는 것이 중요하다. 금리, 주가, 환율, 유가 등은 숫자로 나타나는 경제의 흐름이므로 우선 여기에 익숙해져야 한다. 대화할 때도 자주 활용하는 습관을 들여야 한다. 지나친 광고에 현혹되지 않아야겠지만 기업광고에서도 시장과 제품의 변화를 읽는 안목을 키울 수 있다.

특히 은퇴시기에 있는 사람들은 더욱 주의를 기울여야 한다. 책과 신문, 잡지 등을 통한 충분한 학습도 없이, 남들이 하니까 따라서 거름 지고 장에 가는 식의 투자는 제 발등을 찍는 꼴이다. 충분한 자기관리로 'Not to do list(하지 않아도 될 쓸데없는 일 목록)'에서 'To do list(해야 할 일 목록)'를 습관화하여 반복해야 한다.

노후준비, 부자가 되는 길에 지름길은 없다. 그중 경제신문은 경제를 익히는 최고의 교재이며, 미래예측을 가능하게 하는 출중한 교과서다.

'CAN DO'로 잘 알려진 재미 사업가 김태연 사장은 어려운 시절 방바닥에 언제나 월스트리트 저널을 깔고 그 위에서 밥을 먹었다고 한다. 그는 컴퓨터 사업을 성공시켰는데, 그 기초가 바로 신문이나 잡지를 보는 것이었다고 한다. 나는 주식에 많은 투자를 하고 있지는 않지만, 경제 관련 뉴스에 관심을 갖기 위하여 어느 정도의 주식은 항상 보유하고 있다. 그 이유는 종이 경제신문을 보는 재미도 생기고, 투자마인드에 자신감을 갖기 위해서다.

경제신문 읽기는 가장 값싼 수업료로 수준 높은 경제 강의를 접하는 지름길이다. 여기에 대해 온라인상의 신문을 보아도 되지 않느냐는 반론도 있을 수 있다. 물론 빠른 검색기능이 있다는 면에서 온라인의 장점이 분명히 존재한다. 하지만 전체의 큰 흐름을 파악하기에는 역부족이며, 연속성의 측면에서 한계가 있다.

"No pain no gain(대가를 치르지 않으면 아무것도 얻는 것이 없다)."라는 말처럼 평소 스크랩도 하고, 신문에 난 경제 관련 서적도 구독하고 각종 세미나에도 참석하는 등의 노력 없이는 돈의 흐름이 눈에 쉽게 보이지 않는다. 정보는 신문 곳곳에 숨어 있다는 것을 잊지 말아야 한다.

나는 좋은 정보를 취하는 몇 가지 습관을 가지고 있다.

하나, 신문 하단의 광고부터 보는 습관이 있으며, 사설과 오피니언을 먼저 보기 위하여 맨 뒷면부터 펼친다. 역발상의 시작이다. 전면부터 보면 굵은 활자체의 빅뉴스 때문에 전반적인 경제흐름을 파악하기 어려울 수 있다.

둘, 스크랩하는 습관이다. 모아둔 것을 시간이 없어 못 보는 경우도 있지만, 여유가 생기면 정독한다.

셋, 인터넷 기사도 활용하는데, 다음날 기사화될 내용을 미리 검색하면 다음날 보도될 내용을 하루 일찍 읽을 수 있는 장점이 있다. 하지만 기사의 행간 읽기를 놓치거나 오판할 경우는 투자 실패로 연결되어 손해를 보기도 한다.

아무리 좋은 자료라도 "풍문에 사고 뉴스에 팔라."라는 투자 격언처럼 틈새정보나 토막기사도 무시하지 말고, 타이밍을 잘 잡아야 한다.

일례로 경제전문가들은 치과와 성형외과를 유심히 분석하여 보철을 하거나 코를 높이는 성형을 하는 사람들이 줄어들면 불경기의 신호로 받아들인다. 또 백화점 매출액과 대형식당의 예약건수나 등산객들 숫자로도 경기 상황을 예측한다고 한다. 자동차판매업자들은 경기를 예측할 때 자동차 교체를 문의한 경우 고객이 "차가 아직 잘 나간다."라거나 "차 성능이 좋다."라고 하면 경기를 안 좋게 본다고 한다.

이밖에도 인터넷 경매 사이트에 중고물품이 많이 올라오거나 병맥주 대신 소주가 더 많이 소비되면 불황이라고 한다. 또 변화가 고급 식당에 주부들이 많아지거나 명절 때 선물가격이 오르고 주문량이 늘어나면 호경기로 판단한다고 한다.

미국 경제대통령이라 불리고, 미국 FRB 연방준비제도이사회 의장을 역임했던 앨런 그린스펀은 경기를 뉴욕시의 쓰레기양으로 파악하는 등 여러 가지 진단법이 있다고 하였다. 제목과 머리기사를 읽고 산업동향과 주식을 연결해 보고, 숫자로 제시되는 금리, 환율, 주가, 유가도 확인하고 사설과 칼럼도 아울러 정독하는 것이다.

마흔이후 인생 역전골을 바란다면 종이신문을 더욱 열심히 읽는 "좋은 습관의 노예가 되는 것"을 바로 오늘부터 시작해 보는 것은 어떨까?

생각만 하고, 행동으로 옮기지 않는다면 습관으로 연결될 수 없고, 누구나 막연히 기대하는 행복한 인생 후반기 모습은 결코 찾아오지 않을 것이기 때문이다.

부자는 가치투자에 중독되어 있다

●
●
○

　세계적인 부자 워런 버핏은 주식의 가치투자를 강조하면서 "10년 이상 보유하지 않으려면 단 10분도 보유하지 말라."고 하였다.

　주식투자에서 "가치투자"라 함은 기업의 수익성이나 성장성과 기업의 자산가치 등 내재가치를 분석하여 저평가된 종목을 위주로 매매하는 투자방법을 말하며, 이익이 난다고 당장에 팔지 않고, 장기간에 걸쳐 안정적으로 미래를 보고 투자하는 것을 의미한다.

워런 버핏은 필립 피셔의 성장주 투자 철학을 도입하고, 자신만의 독보적인 투자 철학을 확립하여 지금의 부와 명성을 쌓았다. 가치투자는 기대한 결과물을 지속적으로 창출해내는 유·무형의 그 무엇을 활용하는 것이다. 가치투자를 잘 하려면 먼저 무엇을 어떻게 하는 것이 가치 있는 투자인지를 명확히 하여야 한다. 원하는 것에 초점을 맞추고 한정된 시간과 자원을 효과적으로 활용할 수 있어야 한다.

이러한 원칙은 개인적인 생활습관이나 인간관계에도 적용될 수 있다. 투자방법은 변할지 모르지만 가치투자의 원칙은 변하지 않으며, 가치는 절대 배신하지 않는다.

부동산투자의 본질도 주식처럼 가치투자이다. 다소 정보가 폐쇄적이고 지역적 특수성과 획일적인 내재가치의 계량화가 어려운 특징은 있지만 주식과 마찬가지로 장기투자가 많다. 나도 부동산과 주식 모두 장기투자를 좋아한다. 부동산은 내재가치 파악의 어려움 때문에 현장을 방문하는 활동이 매우 중요하다. 하지만 반대로 이러한 어려움이 장점으로 작용할 수도 있다. 게다가 주식시장에서처럼 외국인이나 기관과 경쟁하는 경우가 많지 않으므로 유리한 측면도 있다. 많은 발품과 물건에 대한 분석으로 주식보다 더 많은 성공기회를 부여한다.

나는 부동산을 구입할 때 반드시 아내와 함께 현장방문을 원칙으로 한다. 그 이유는 아내는 집에 관한 한 직장에서 근무하는 시간이 많은 남편보다 상대적으로 모든 면을 잘 볼 수 있기 때문이다. 집에서의 생활이 더 길기 때문에 통풍이나 햇볕 등은 물론 교통, 편의시설, 마을이 조용한지, 시끄러운지도 분석할 줄 안다. 결론은 본인이 살고 싶은 집을 고르는 것이 곧 가치투자이며, 그런 주택에 투자해야 한다는 것이다.

최근에는 저성장 구도로 부동산시장 구조가 변화함에 따라 시세차익에 대한 기대는 낮아지고 있다. 베이비부머 세대의 은퇴와 고령화 사회로의 진입으로 연금형태의 안정적인 현금흐름에 대한 관심이 높아지면서 수익형부동산에 대한 수요가 많이 늘어나고 있다.

100세 시대로 갈수록 부동산은 가격등락에 관계없이 정부정책의 규제와 완화에 따른 조정과 상승은 있을 수 있겠지만, 좋은 투자수단이라는 것이 전문가들의 판단이다.

부동산에서 가치투자는 대부분 장기투자이며 시세차익보다는 소형위주의 수익형부동산이 대세다. 부자들은 오랜 경험과 노하우, 시행착오를 교훈삼아 가치투자에 중독되어 있으며, 부자가 되어서도 쉬지 않는다. 세미나, 사이버연수 등 모든 수단을 총동원하여 가치투자 공부에 열중하고 있다. 주택도 발품을 팔아 본인이 살고 싶은 집을 사야만 전월세는 물론 매매도 잘 된다. 나는 한동안 구입한 주택의 청소와 도배, 전등 교체 등의 소규모 수리를 직접 해 보기도 하였다.

부동산 가치투자 방법도 결국은 사람이다. 좋은 전문가를 만나거나 공인중개사의 협조가 필요하다. 매매하거나 전월세 세입자와의 관계 등에서 돈보다 정다운 인간관계를 형성하는 것도 가치투자에 포함된다. 나는 투자지역 인근의 공인중개업소 사장님들과는 20년 이상 평소 일이 없어도 새해나 명절날 안부전화를 하며 가족처럼 친하게 지내고 있다. 이분들은 우리 회사의 직원이며 정보원이다. 이것이 진정한 가치투자다.

수익형부동산은 대박을 노리기보다는 꾸준한 수익을 목표로 한다. 부동산투자도 좋은 인맥이 진정한 부자를 만든다. 당장 눈앞의 수익보다 만나는 사람들과의 좋은 인간관계가 미래에 서로가 많은 도움을 주고받을 수 있는 계기가 된다. 퇴직 없는 신의 직장으로 불리는 주택임대사업자는 그런 점에서 가치투자를 한 결과물이다.

인구는 줄어도 1인가구의 증가와 핵가족 시대로 변하면서 세대수는 계속 늘어나고 있다. 투자금액이 많은 대형아파트보다는 쉽게 팔리고 리스크가 적은 수익형부동산으로 소형아파트와 연립, 다세대, 다가구를 눈여겨 볼 필요가 있다. 바로 이것이 가치투자다.

부동산의 가치투자의 또 하나의 요소는 대지 지분분석이다. 주택의 기본가치는 대지 지분에서 나오지만 대부분의 공동주택 아파트 소유자들은 대지 지분에 대해 무관심한 경우가 많다. 대지 지분은 주택의 내재가치이다. 대지 지분이 없거나 작으면 그만큼 가치가 떨어지므로 장래가 불확실한 투자가 될 수 있다. 그래서 대지 지분이 낮은 초고층 아파트나 주상복합 투자가 위험하다고 보는 이유다.

물론 주거목적의 구입은 괜찮다고 보지만, 투자목적으로서는 문제가 많다. 빠른 감가상각으로 가격이 오르기도 어렵고 낮은 대지 지분 때문에 재건축도 용이하지 않아 슬럼화가 우려된다. 대지 지분이 매우 낮은 고층주상복합들은 고평가되는 경우가 많아, 지금은 모르지만 오랜 세월이 지난 뒤에는 내재가치가 급격하게 하락할 수 있다.

가끔 대지 지분이 없는 경우 재건축 시 권리행사도 안 되고, 보상금 수령으로 만족해야 하는 경우도 생긴다. 반대로 지금도 오래된 저층 아파트는 대지 지분 면적이 건물면적을 초과하는 경우도 많이 있다. 그런 아파트는 재건축 시 대지 지분이 넓기 때문에 분담금을 적게 내거나 평형선택에서 유리한 조건으로 활용될 수 있다.

부동산도 주식처럼 자신의 투자성향을 돌아보며 확고한 투자원칙을 세우는 것이 좋다. 어떤 투자대상이든 스스로 살펴보고 장기적인 관점에서 투자 여부를 판단하고 결정해야 한다.

투자요령은 투자가치 대비 적정가의 물건에 투자하라는 것이다. 즉 '적정가 물건의 가치를 판단하는 눈'을 가지기 위해서는 수많은 노하우와 경험이 뒷받침되어야 한다.

하나, 낙후된 지역의 잠재력에 현혹되지 말아야 하고
둘, 정부정책 중에서도 옥석을 가려내어야 하며
셋, 그 부동산의 광고발, 화장발, 조명발을 읽어야 한다.

복권이나 도박이 아닌 '비즈니스'의 관점에서 냉철히 부동산투자에 임하는 원칙과 마인드를 가져야 한다. 수익과 리스크 사이의 균형감각을 키우고 부동산의 옥석을 가리는 공부를 하라는 것이다.

수익형부동산 숫자만큼 연금통장을 소유하는 것이 된다

●

●

○

은퇴 후 소득은 자산소득을 중심으로 발생한다.

하나, 예금이자

둘, 국민연금, 퇴직연금, 주택연금, 개인연금 등의 연금

셋, 부동산임대소득

넷, 주식배당금

다섯, 강의나 컨설팅의 수수료 수입 등이다.

대부분 은퇴자들은 예금이자보다는 연금을 가장 많이 선호

하고 기대하지만 노후자금으로 사용할 만큼 많이 주어지지 않으므로 수익형부동산임대수익, 주식배당금 등을 희망한다.

연금종류도 직업에 따라 공무원연금, 사립학교교직원 연금, 군인연금, 별정우체국 직원연금 등 다양하다. 일반인들은 국민연금, 퇴직연금 이외에는 기대할 수 없다. 연금통장을 불리기 위해서는 수익형부동산임대수익을 통장으로 만드는 길을 준비하거나 주식배당금, 컨설팅 등의 수수료수입을 만들어야 한다.

노후생활이 천국이 되려면 누구와 무엇을 하며 어디서 어떻게 살 것인가를 진지하게 고민해야 한다. 인생을 가치 있게 살았는가 하는 것은 경제적 관점보다는 정신적 관점에 더욱 신경을 써야 한다. 은퇴준비를 잘못했을 때 닥칠 위험은 쓰라린 아픔을 동반하게 된다.

은퇴 전과 후를 미리 예측하고 위기관리에 필요한 정신력과 자금력 준비를 확실하게 점검해야 한다. 힘이 들어도 당당하고 멋있게 노후를 보내는 모습을 상상하며 계획을 구체화시켜야 한다.

준비가 잘된 은퇴는 축복이지만 준비를 못 한 은퇴자들에게는 죽지 못해 살아가는 내내 악몽의 시간이 된다. 60년 동안의 힘든 인생 끝에 오는 은퇴를 휴식다운 휴식으로 자신의 여생을 의미 있게 정리해야 한다.

의식주만 해결된다고 반드시 행복해지는 것은 아니다. 경제 발전과 물질적 풍요가 반드시 마음의 행복과 삶의 질을 높여 주지는 않는다. 은퇴준비는 선택이 아닌 필수다.

하지만 우리나라 대다수 국민들이 은퇴준비로 인해 나이가 들어갈수록 불안과 두려움을 느끼며 살아가고 있다.

마흔이후의 준비는 지금 당장 절박한 마음으로 시작해야 한다. 막연하게 천천히 준비해도 되겠지 하고 생각하면 안 된다. 수익형부동산투자도 공부하지 않으면 안 되는 시대가 되었다. 부동산은 실물경제이므로 이론에 치중한 옛날 투자방식으로 는 성공할 수 없다.

수익형부동산은 나이가 더 들기 전에 가능한 한 빨리 준비해야 한다. 2017년 말을 기준으로 한 통계청 자료에 의하면 우리나라 전체 1,967만 가구 중 약 28.6%인 562만 가구가 1인가구라고 한다. 국민 100명 중 11명이 1인가구이고, 4가구 중 1가구가 1인가구이다. 생활 트렌드(trend)도 혼밥, 혼술 등 혼자 즐기는 활동이 유행하고 있다. 1인의 '일'과 이코노미(economy)를 합친 혼자만을 위한 소비생활을 즐기는 사람들을 일컫는 '일코노미'라는 신조어까지 만들어졌다.

그래서 전문가들은 흔히 3가지 연금 중 1층인 국민연금으로 기본적인 생활을 보장받고, 2층인 퇴직연금으로 취미생활을, 3층인 개인연금으로 좀 더 여유 있는 생활을 설계하고, 이에 더하여 4층 수익형부동산으로 힐링, 여행으로 노후를 즐겁게 보낼 수 있도록 준비하라고 한다.

은퇴준비에 수익형부동산 만큼 좋은 것이 없다고 하니 너도나도 부동산임대사업자등록을 하여 월세를 받으려고 하면서 가히 수익형부동산 광풍이 불고 있다.

애매모호한 판단으로 시작하는 부동산투자는 필패다. 부동산신화는 끝났다고 다른 금융상품에만 집중하는 것도 잘못된 은퇴준비다. 아직도 투자의 마지막 단계는 대부분 부동산투자라고 생각한다. 부동산을 제외한 자산관리는 그만큼 어렵기 때문이다.

한때 노후자금으로 10억 원이 있어야 한다는 신문보도가 있었다. 10억 원을 무리하게 준비하느라 건강을 해쳐 병원비만 10억 원이 든다면 무슨 소용이 있을까? '건강하지 못한 장수'는 곧 재앙이다. 월급만으로 노후자금 마련이 될까? 노후자금은 얼마나 필요할까? 연금처럼 활용될 수익형부동산을 마련하려면 얼마가 필요하며 어떻게 만들 수 있을까? 최소 생활비 예상을 월 200만 원씩 1년이면 2,400만 원, 40년이면 9억6,000만 원이 준비되어야 한다. 결론은 10억 원이다.

베이비부머세대의 은퇴시기도래와 구조조정, 명예퇴직이 앞당겨지고 있다. 불확실한 주식투자나 자영업보다는 더 안전한 수익형부동산을 선택하는 은퇴자들이 늘어나고 있어 수익형부동산투자의 인기가 높다.

수익형부동산은 은퇴 후 소득창출을 목적으로 퇴직금이나 기존 부동산을 처분하고 전세로 옮기거나 부부중심의 생활에 맞추어 작은 집으로 이사를 가는 등, 주거형태를 슬림화하여 남은 차액으로 월세 등 수익이 나오게 하는 부동산을 준비하는 방법을 말한다.

수익형부동산을 체계적으로 시작하려면 보유나 양도 시의 세금혜택을 받기 위해서 주택임대사업자로 등록하는 것이 좋다. 이것을 정부에서도 장려하고 있다.

그 요건을 살펴보면

하나, 건설임대주택은 2가구 이상, 매입임대주택은 1가구 이상 임대주택을 소유해야 하고

둘, 건설임대주택은 건물 149평방미터(약 45평) 대지 298평방미터(약 90평), 전국기준시가 6억 원 이하, 매입임대주택은 기준시가 6억 원, 수도권 외 3억 원 이하로

셋, 주거용 오피스텔도 가능하며

넷, 해당 주택을 세입자가 입주한 날부터 8년 이상 사업을 해야 하고

다섯, 만약 그전에 임의로 매각 시 1,000만 원 이하의 벌금이 부과된 세금을 물어야 한다는 것이다.

수익형부동산은 단기 시세차익을 노리는 투자가 아니고, 안정된 수익이 목적이므로

하나, 안정적이어야 한다. 대부분 은퇴 노후자금으로 시작하는 돈이므로 지속적이고 안정된 수익을 보장받아야 한다.

둘, 그러려면 입지가 좋아야 한다.

셋, 수익성이 있어야 하므로 오랫동안 공실이 예상되는 주택은 곤란하다.

넷, 환금성, 처음 시작은 시세차익을 바라지는 않았지만 나중에 매매하고 나와야 하거나 부동산을 교체해야 하는 경우가 생긴다. 이 경우 쉽게 매매가 이루어질 수 있는 대상이 좋다.

수익형부동산으로 성공하려면 투자의 기본을 반드시 지켜야 한다. 유동인구, 학세권, 역세권, 몰(mall)세권, 숲세권 등의 조사는 필수다.

만약 은퇴시점에 현금 10억 원을 받을지와 평생 동안 매월 500만 원씩의 연금을 받을지 중에서 어느 쪽을 선택할까? 나는 연금을 선택한다. 국민연금 등의 연금통장과 수익형부동산으로 마련된 월세통장을 합친 평생월급이 매월 500만 원씩 나

온다면, 현금을 선택할 이유가 없다. 현금자산이라고 파산하지 말라는 법이 없다. 그리고 연금은 법률상 또는 안심통장을 개설하여 이체 받으면 채권압류추심도 못하게 보장되는 장점도 있다.

　노후에 연금이 부족하면 삶의 질이 떨어질 수밖에 없으며, 불안한 노후를 보내야 한다. 은퇴 전이라면 착실하게 연금을 준비해야 한다.

1-4

마흔이후에는 더 벌기보다 확실한 수익을 선택하라

●
●
○

　돈으로부터 자유로울 수 있으며 평생 돈 때문에 불편을 느끼지 않고 돈에서 해방되는 방법은 없을까?

　돈 때문에 어려움을 겪어본 사람일수록 돈의 귀중함을 안다. 60세에 은퇴할 경우 100세까지 40년 동안 가족과 함께 정원 딸린 안락한 보금자리에서 하고 싶은 것을 하면서 여행도 즐기고 취미생활을 희망한다.

　이상과 목표는 정해졌지만, 시간과 방법이 문제다. 은퇴는 누구나 피할 수 없다. 은퇴준비를 위해 주어지는 시간도 많지 않다. 게다가 은퇴기는 더욱 길어지고, 대처방법 또한 쉽지 않다.

시간을 낭비하거나 서투른 방법을 선택하는 경우에는 불안한 노후를 맞이하게 된다. 결론은 은퇴준비의 시작은 빠르면 빠를수록 유리하고, 방법 선택을 위한 공부도 열심히 해야 한다.

은퇴 후에 더 모은다는 것은 사실 불가능에 가깝다. 그전에 연금, 수익형부동산수익, 주식배당금 등의 유동성이 풍부한 자산을 확보해야 한다.

우선 투자의 목적부터 정해야 한다. 나이 들어서는 노후가 보장되는 은퇴를 위한 투자자산을 목표로 하는 것이 대부분이다. 목적 없는 투자는 목적지 없이 출발하는 여행과 같다. 마중물의 종잣돈인 머니트리(money tree)를 키우기 위해서는 기다리고 인내해야 한다.

"준비되지 않은 은퇴는 불안함이 그대로 현실이 될 수 있다." 100세 시대에 오래 사는 리스크에 대한 대비가 필요하고, 투자된 자산의 인플레이션도 관리할 줄 알아야 한다. 또 안정적인 생활비 조달을 위해서 금융공부도 계속해야 한다. 해마다 재정 상태를 결산하고 자식과 손자들에게는 적당히 쓰고, 노후자금을 최대한 확보해야 한다.

무엇보다도 은퇴 후의 최대자산은 건강이라는 것을 잊으면 안 된다. 건강하지 않으면 의료비도 문제지만, 아무것도 할 수가 없다.

부동산 시세차익을 위한 단기투자보다는 확보된 연금에다 "연금과 같은 월세"를 마련하는 방법이 효과적이다. 우리나라 은퇴자 중 준비가 어느 정도라도 되었다는 사람은 겨우 30% 정도에 불과한 실정이므로 은퇴준비는 빠를수록 좋다. 최고수준의 국내 노인자살률의 원인도 준비가 안 된 상태에서 은퇴하여 빈곤의 나락으로 떨어지기 때문이다.

고령자 일자리 확보는 갈수록 힘들어질 것이며 자영업도 치열한 경쟁상태다. 예를 들면, 국내 치킨집 자영업자의 매장수는 약 36,000개로 전 세계 맥도날드 매장 약 35,000개보다 더 많다고 한다. 그리고 서울시 자영업자의 46%가 3년 내에 문을 닫는다는 서울시의 통계도 있다.

은퇴자금 마련은 미리미리 단계적으로 준비해야 한다. 은퇴 전에 풍요로운 인생 2막의 설계도를 그려두면 오히려 노후의 삶이 행복해진다. 적은 금액의 연금에만 의존하기에는 노후가 너무 길어지고 있다. 해결방법으로는 연금 또는 연금이나 월급처럼 정기적으로 돈을 받을 수 있는 일, 나이 먹어서도 할 수 있고 육체적으로도 힘들지 않은 컨설팅, 강의 등을 제2직업화하여 현직 때에 하던 업무의 노하우를 전수하는 것과 취미생활을 직업화하는 것도 하나의 방법이다.

아울러 기대수명과 월 생활비를 계산하여 지출을 통제하는 능력도 키워야 한다. 자신의 재무 상태와 설계를 면밀히 분석할 줄 알아야 자유로운 노후를 기약할 수 있다.

세계적인 투자자 워런 버핏은 "내가 잘 모르는 곳에는 투자하지 않는다."라고 한다. 은퇴기에 있는 사람이 생전 해 보지도 않은 일에 손을 대거나 큰돈을 면밀한 검토도 없이 투자하는 것은 은퇴자금이 얼마나 중요한지 생의 마지막이자 최후의 보루임을 망각하는 행위다.

어떠한 경우에도 안전을 최우선으로 생각해야 한다. 주위에 아주 거절하기 어려운 관계의 사람이 몇 천만 원을 빌려달라고 하면 1백만 원을 기부할지언정 위험은 감수하지 말아야 한다.

독일 속담에 "돈은 가진 사람이 주인이다."라고 했으며, "돈은 있어야 줄 수 있다."라고 하였다. 돈은 나가는 순간 갑과 을이 바뀐다. 너무나 좋은 조건의 상품이나 투자처를 가져와 유혹할 경우 자신에게 "저렇게 좋은 조건의 일이 어떻게 나에게까지 왔을까?"하고 반문해야 한다. 그렇게 호조건이면 자기가 먼저 하거나 자기들 친척들에게 먼저 주어야지 하면서, 권유 배경과 이유를 확인하여야 한다.

너무 고율의 이자나 유리한 조건을 제시하면 그만큼 위험하고 사기일 가능성이 많으므로 경계해야 한다. 더욱이 어떤 경우는 인출을 못해 유동성이 제약 당하여 오도 가도 못하는 지경에 이를 수도 있다.

돈은 필요할 때 사용할 수 있는 기능이 무엇보다 중요하다. "세상에서 가장 불행한 사람은 죽는 순간 재산이 많은 사람이다."라는 말이 있다. 써보지도 못하고 죽는다면 얼마나 한이 될까.

전문가들은 매년 재산목록을 정리해 보고 유언도 해 보라고 권한다. 우리나라에는 죽음을 두려워하여 이야기하는 것을 불경스럽게 생각하며 유언이 일반화되어 있지 않다. 인생의 끝이라고 생각하면 허무해 보일 수도 있다. 하지만 누구나 거쳐야 하는 인생의 마지막 단계로 받아들이고 대처하면 오히려 본인과 자식들에게도 아름다운 일이 될 수 있다.

매년 정기적으로 재산을 정리해 보고 계속 유언을 갱신하는 것은 좋은 방법이다. 재산상속 때문에 자식들 간에 원수가 되는 분쟁의 소지를 사전에 예방할 수 있다. 그래서 은퇴기는 생각하기에 따라서는 오히려 인생의 황혼기에 스스로를 돌아보고 새로운 마음으로 또 다른 인생을 설계하는 기회가 될 수 있다.

자산운용전문가들은 은퇴준비의 새 트렌드는 자산의 크기

보다는 소득 관점에서 현금흐름(cash flow)을 창출하는 방향으로 운용해야 한다고 조언한다.

은퇴준비는 노후생활에 쓸 재원을 되도록 많이 만드는 것이 좋다는 건 두말하면 잔소리다. 그러나 이게 쉽지 않다. 갈수록 노후기간이 길어지는 고령화에 저금리, 저성장의 덫에 걸려 있기 때문이다.

이런 상황에선 재산증식을 위한 재테크가 잘 먹혀들지 않는다. 돈을 굴려 수익을 남기고 재산의 크기를 불리는 일이 수월하지 않다. 그렇다고 쥐꼬리 같은 금리를 주는 은행상품에만 의존할 수도 없고, 뭔가 새로운 자산관리 방법을 모색하지 않으면 노후빈곤은 피할 수 없다. 이는 우리보다 고령화 문제를 먼저 경험한 일본의 고민이기도 하다.

그러면 고령화를 먼저 경험한 일본은 어떤 선택을 했을까? 지난해 9월 출간된 〈2020 시니어 트렌드〉는 50대 이상의 인구가 많아지는 초고령 일본사회의 각종 현상과 문제점을 짚어보고, 앞으로의 노후를 어떻게 보내야 하는지 전망한 책이다. 이 책은 "하쿠호도 새로운 어른 문화연구소"가 2008년부터 2015년까지 7년간 일본의 40대부터 80대까지 실시한 조사결과를 토대로 심층 분석한 내용을 담고 있다.

그중에서도 은퇴설계 방식이 달라지고 있다는 대목이 눈길을 끈다. 해당 대목을 인용해 보면 다음과 같다.

"지금까지 은퇴설계는 노후에 얼마가 필요한가에 대한 물음으로 시작했다. 매달 필요 생활비를 알아보고 가족행사나 여행에 들어갈 비용을 따져 필요자금을 계산해냈는데, 대다수 사람은 지금까지 모은 자산과의 금액 차이가 너무 커 불안감을 느끼곤 한다. 특히 정년을 앞둔 예비은퇴자나 이미 은퇴의 길을 걷고 있는 사람들은 좌절에 빠진다. 이를 타개하기 위해 은퇴 후에 얼마가 필요한가가 아닌 노후에 쓸 수 있는 돈이 얼마나 되는지를 파악하는 계산방식이 새로 등장했다. 은퇴시점의 보유자산을 기준으로 60대부터 90대까지 매달 얼마씩 쓸 수 있는지 계산한 후 최소생활비용을 뺀 나머지를 노후자금으로 사용한다. 이걸로 여행이나 투자를 하면 불안감을 최소화할 수 있다."

최근 국민연금에서 조사한 자료에 의하면 노년기 안정적인 생활을 위해선 은퇴 전 소득의 70% 정도가 필요한 것으로 조사됐다. 이를 위해 국민연금으로 25% 내지 30%를 충당하고 이외에 기초연금, 퇴직연금, 개인연금 등 공적·사적 연금을 포함한 다양한 노후대비가 필요하다는 것이다. 평균소득자를 기준으로 노년에 접어들기 전에 생애평균소득의 약 70%를 노후소득으로 확보하는 게 좋다고 권고하고 있다.

부동산, 불황기가 투자 타이밍이다

●
●
○

나이 들면 믿을 건 "건강과 돈"뿐이다. 건강은 열심히 운동하고 식생활을 개선하면 되겠지만, "돈을 벌려면 적은 자금으로는 수익형부동산으로 하라."라고 전문가들은 말한다.

모든 일이 마찬가지지만 부동산도 매매타이밍이 중요하다. 타이밍에 반항하면 결국 무일푼이 된다. 부동산도 주식처럼 신도 모른다. 그래서 열심히 손품·발품을 팔고, 눈으로 직접 보기 전까지는 아무것도 믿지 않는 현장주의가 최선이다.

1929년 세계경제대공황, 외환위기, 금융위기 등 불황기가 투자의 타이밍인 것은 누구나 알고 있지만, 실행력이 문제였다. 용기도 있어야 하고 투자타이밍 때 자금동원력이 있어야 한다.

내가 집중 투자한 시점이 지금으로부터 12년에서 17년 전인 2003년에서 2008년 사이이며, 당시에는 잘 몰랐지만 부동산전문가들이 분석한 책을 보면 그때가 정말 호기였고 잘 판단했다는 생각이 든다. 그 덕분으로 경제적 자유를 얻는 데 많은 도움이 되었다.

여러 가지 증후군 중에서 '돈 걱정 증후군'이라는 것이 있다. 영국의 심리학자 로저 핸더슨(Roger Henderson)이 이름을 붙였다. 그 의미는 현재 돈이 없는 것이 아닌데 돈이 없다고 여기며 불안을 느끼는 증상을 말한다. 퇴직을 앞두고 누구나 마찬가지지만 나 또한 돈이 최고의 걱정거리였다. 자영업도 어느 정도의 자본이 있어야 가능하며 나 자신이 장사에는 소질이 없다고 생각되어 처음부터 시도하지 않았다. 내가 근무한 금융기관에서 부동산을 담보로 대출업무를 취급한 경험이 있다.

레버리지효과, 즉 부족한 자금을 융자로 도움을 받으면 돈이 돈을 벌어주는 복리효과를 그때 배우게 되었다. 부동산이 은퇴를 대비한 투자로 안정적이고 유익하겠다고 판단해서다. 부동산에 대한 급락 주장은 어느 시대나 존재한다. 특히 부동산 전문가라고 자칭하면서 어떤 이유로 부동산경기가 어려워질 것이라는 부정적 여론을 조성하는 사람들이 있다. 어느 지역은 어떤 이유 때문에 안 좋으니 빨리 매각하라고 경제TV, 잡지, 신문에서 열을 올린다.

그 보도를 접하고 그 집이나 땅을 사는 사람은 과연 누구일까? 또 팔아야 하는 사람들에게는 어떻게 이야기할까? 궁금해진다. 그 말을 믿고 매도하였는데 정부의 부동산 완화 정책의 영향으로 상승하면 그때는 비슷한 종류의 물건을 매입하려 해도 이제는 전세수준으로 옮겨갈 수밖에 없는 형편이 되어버리는 경우를 주위에서 많이 보았다. 그 책임은 과연 누구에게 있을까? 그래도 부동산은 원금을 잃을 염려가 거의 없으며 수익형부동산의 경우는 수익도 계속 기대할 수 있다는 장점이 있다. 호환성은 떨어지지만 안전성에서는 주식보다 유리하다.

그러면 언제가 불황기이며 투자 적기인지는 언제인지, 어떻게 투자해야 할지와 관련해서는 최근 일본에서 명성을 얻고 있는 만다라트 기법을 이용하여 모든 측면에서 준비된 투자자가 되어 보라고 권하고 싶다.

"만다라트 기법은 일본의 디자이너 이마이즈미 히로아키가 개발한 기법으로 목적을 달성한다는 의미의 manda + la와 art가 합쳐져서 만다라트(mandalart)라는 새로운 용어가 되었다.

이 기법은 일본의 유명한 야구선수 오타니 쇼헤이 선수가 사용해서 더욱 유명해졌다. 따라서 구글에 만다라트 기법을 검색하면 오타니 쇼헤이 선수의 만다라트가 어마어마한 수로 나온다.

만다라트 기법의 방법은 매우 단순하다.
하나, 가장 중심에 자신의 핵심목표를 적는다.
둘, 핵심목표를 이루기 위한 9개의 세부목표를 적는다.
셋, 9개의 세부목표를 중심으로 각 세부목표를 달성하기 위한 방법을 적는다.

부동산도 살아 움직인다. 특히 소형 수익형부동산은 경쟁이 치열한 투자 상품이며, 요즘은 소형아파트도 수익형부동산의 대상이 되었다. 열심히 인터넷으로 손품을 팔고, 반드시 현장을 확인한 후에 투자하는 발품을 아끼지 말아야 한다. 꼼꼼하고 유능한 공인중개사를 선택하는 것도 성공투자에 많은 영향을 미친다. 불황기에 알짜의 저평가된 물건을 급매가격으로 추천해 주는 공인중개사야말로 최고의 정보원이자 직원이다. 부동산에는 매겨진 정가가 없다. 지역의 장래전망, 학군, 역세권 등 호재가능성을 파악하여 투자해야 한다.

우리나라 국민들은 내 집 마련을 지상최대의 인생과제로 여긴다. 하지만 자신의 능력보다 넘치는 집 선택은 오히려 독이 된다. 수익형부동산투자도 마찬가지다. 무리하게 대출에 의존한 투자는 하우스 푸어(house poor)가 되는 것은 물론이고, 신용

불량자로 전락하는 지름길이 될 수 있다.

　"주식은 마약과 같고, 부동산은 신앙과 같다."는 말이 있다. 주식의 경우 많은 투자자들이 손해를 경험하고 난 뒤에도 그만두지 못하며, 부동산투자는 과거의 좋았던 경험과 안 좋았던 경험을 토대로 확신을 가지고 하는 경우가 많다.

　베이비부머들의 은퇴 시점에 본인이 어떠한 환경에 처해 있는지를 확실하게 파악한 후 부동산불황기에 저평가된 물건 중 호재가능성이 있는 부동산을 평소부터 미리미리 분석할 필요가 있다. 누구에게나 은퇴기의 부동산은 매우 귀중한 자산이다. 은퇴 후에도 집이 필요한 이유는 자기 집이 있다는 것은 실물자산이기 때문에 화폐가치의 하락을 예방하여 인플레이션 리스크를 감소시켜 준다.

　이와 관련해서 부동산 뱅크에서 알려주는 재테크 '불황기의 부동산 투자전략'을 소개한다.

　하나, 발상의 전환이 필요하다. 부동산은 돈이 많이 있어야 투자할 수 있다는 생각에서 탈피하고, 남들이 주춤할 때 미래를 준비하고 예측해야 한다. 출렁이는 시장에 틈새가 있는 법이다. 항상 준비하고 열심히 발품을 팔아 실력을 쌓으면 기회를 기회로 알고, 보석이 보석으로 보이는 법이다.

　둘, 종잣돈 마련은 부동산투자의 출발이다. 종잣돈을 마련하면서 절제하는 좋은 습관을 가지는 것이 결국 부를 쌓을 수 있는 터전을 마련하고, 부를 지키는 근본이 된다.

셋, 불황기일수록 청약통장을 반드시 마련하고 잘 분석하라. 앞으로 원가연동제가 적용되고, 분양원가의 일부가 공개되면 분양가격이 시세보다 낮아질 수 있으므로 청약통장을 통한 당첨은 로또와 비견될 만한 위력을 발휘할 것이다. 청약통장을 가지는 것도 종잣돈 마련의 출발점이 된다. 청약을 어디에 몇 평형으로 할 것인가 목표를 정하고 신중하게 선택을 해야 한다.

넷, 부동산전문가와 친교를 가져라. 유능한 부동산전문가를 만나 투자전략과 타이밍을 함께 할 수 있다면 투자수익률이 배가될 것이다.

다섯, 투자는 타이밍이 생명이다. 인생의 모든 일이 타이밍에 따라서 성공할 수도 실패할 수도 있다. 불황기의 투자는 한 타임 쉬는 것도 타이밍이고, 불황기에 좋은 물건이 나왔을 경우 부동산전문가와 상의하여 의사결정을 신속하게 해서 투자하는 것도 성공의 타이밍이다.

막연히 부자가 되고 싶다는 생각에 그쳐선 안 되며, 구체적 계획을 세우고 행동에 옮겨야 노후에 재정적인 자유를 찾아 행복한 삶을 살 수 있다.

재테크는
인맥테크다

●
●
○

인맥 없는 재테크는 없다. 부부는 인맥 재테크의 시작이며, 부부는 모든 것이 오픈되어야 한다. 돈보다 귀중한 것이 가정의 행복이다.

이와 관련하여 부자민족 유태인의 성전 탈무드 이야기는 시사 하는 바가 크다.

'탈무드의 인맥관리 18계명'을 소개한다.

하나, 꺼진 불도 다시 보자. 지금 힘이 없는 사람이라고 우습게 보지 마라. 나중에 큰 코 다칠 수 있다.

둘, 평소에 잘해라. 평소에 쌓아둔 공덕은 위기 때 빛을 발한다.

셋, 내 밥값은 내가 내고, 남의 밥값도 내가 내라. 기본적으로 자기 밥값은 자기가 내는 것이다. 남이 내주는 것을 당연하게 생각하지 마라.

넷, 고마우면 고맙다고, 미안하면 미안하다고 큰 소리로 말하라. 입은 말을 하라고 있는 것이다. 마음으로 고맙다고 생각하는 것은 인사가 아니다. 남이 내 마음속까지 읽을 만큼 한가하지 않다.

다섯, 남을 도와줄 때는 화끈하게 도와주어라. 처음에 도와주다가 나중에 흐지부지하거나 조건을 달지 마라. 괜히 품만 팔고 욕먹는다.

여섯, 남의 험담을 하지 마라.

일곱, 회사 바깥사람들도 많이 사귀어라. 자기 회사 사람들하고만 놀면 우물 안 개구리가 된다. 그리고 회사가 너를 버리면 너는 고아가 된다.

여덟, 불필요한 논쟁을 하지 마라. 회사는 학교가 아니다.

아홉, 회사 돈이라고 함부로 쓰지 마라. 모두가 다 보고 있다. 내가 잘 나갈 때는 그냥 두지만 결정적인 순간에는 그 이유로 잘린다.

열, 남의 기획을 비판하지 마라. 내가 작성한 기획을 떠올려 보라.

열하나, 가능한 한 옷을 잘 입으라. 외모는 생각보다 훨씬 중요하다. 할인점에 가서 열 벌 살 돈으로 좋은 옷 한 벌 사 입으라.

열둘, 조의금은 많이 내라. 부모를 잃은 사람만큼 이 세상에서 가장 가엾은 사람도 없다. 사람이 슬프면 조그만 일에도 예민해진다. 5만 원, 10만 원 아끼지 마라. 나중에 다 돌아온다.

열셋, 수입의 1퍼센트 이상은 기부하라. 마음이 넉넉해지고 얼굴이 핀다.

열넷, 경비원과 청소미화원에게 잘해라. 정보의 발신지이자 소문의 근원일 뿐만 아니라 내 부모의 다른 모습이다.

열다섯, 옛 친구들을 챙겨라. 새로운 네트워크를 만드느라 지금 가지고 있는 최고의 재산을 소홀히 하지 마라. 정말 힘들 때 누구에게 가서 울겠는가?

열여섯, 나 자신을 발견하라. 다른 사람들 생각하느라 나를 잃어버리지 마라. 일주일에 한 시간이라도 좋으니 혼자서 조용히 생각하는 시간을 가져라.

열일곱, 지금 이 순간을 즐겨라. 지금 내가 살고 있는 이 순간은 나중에 내 인생의 가장 좋은 추억이다. 나중에 후회하지 않으려면 마음껏 즐겨라.

열여덟, 아내(남편)를 사랑하라. 너를 참고 견디니 얼마나 좋은 사람인가?

상술이 뛰어난 중국인들의 격언 중에 이런 말이 있다.

"황금은 값을 따질 수 있지만 사람은 값을 매길 수 없고, 천금으로 집을 사지만 이웃은 만금을 줘야 살 수 있고, 천금은 쉽게 얻을 수 있지만 마음을 알아주는 친구는 얻기 어렵다."

전통적으로 꽌시(관계, 關係), 즉 인간관계를 중시하는 중국인의 인맥에 대한 생각을 단적으로 표현해 주는 말이다.

이웃과 자기를 알아주는 참다운 벗인 지음(知音), 즉 사람을 사귀는 인맥의 중요함을 강조한 말이다. 지금도 이 꽌시를 모르고는 중국에서의 사업은 생각도 할 수 없다. 이제 인맥관리는 재테크를 위해서도 선택이 아닌 필수가 되었다.

나도 평소에 인맥확대를 위해 생활화하여 지키는 몇 가지 습관이 있다.

하나, 두 번째 만나는 사람부터는 무조건 인사한다. 현직 때는 같이 근무하는 직원들에게, 집에서는 자녀들에게도 그렇게 하라고 권했으며 잘 따라주었다.

둘, 내가 한 번 갔던 길은 되도록 피하는 이유는 새로운 사물을 만나기 위하여 가능한 한 원점회귀는 하지 않는다는 원칙을 가지고 있다.

셋, 누구와 만날 약속을 할 때 미리 "바빠 죽겠다."든가, "바빠서 시간을 낼 수 없다."라고 엄살을 피우지 않는다. 시간을 쪼개서라도 만나는 것이 예의다.

넷, "다음에 식사 한번 하시죠."보다 "모레 저녁 18시에 어디서 만나 식사하시죠."라고 구체적으로 약속하는 실행력을 보여준다.

다섯, Give & Take보다는 대가를 바라지 않는 Give & Give의 자세로 선물하거나 응대하면 무한신뢰가 쌓인다.

여섯, 상대가 어려울 때 도와주어야지 일이 해결된 뒤에 변죽을 울릴 필요가 없다.

일곱, 가능하면 독대, 즉 면 대 면, 둘이만 하는 식사나 음주 약속을 잘하지 않는다. 두 사람의 만남은 화제도 궁해질 뿐만 아니라 인맥형성에도 그만큼 시간상 손해를 본다. 그래서 나는 동료직원이나 가족과 자리를 함께 한다.

어떻게 하면 인맥을 잘 만들어 재테크에 성공할 수 있을까?

하나, 먼저 풍요로운 인맥을 맺고자 하는 본인의 의지가 있어야 한다.

둘, 관심을 끌 수 있는 재능을 개발해야 한다.

셋, 내가 먼저 다가가서 무언가를 주는 적극적인 자세가 필요하다.

그렇게 하기 위해 각 분야의 전문가들을 폭넓게 사귀며, 먼저 도움을 주고 협력하는 자세가 필요하다. 특히 은퇴시점에는 사귐에 더욱 신중을 기해야 한다. 언제나 말과 행동을 일치시키는 정직한 생활태도로 당당하게 새로운 인맥에 과감히 도전해야 한다.

각종 강연회, 세미나, 팬클럽, 동우회, 동창회, 비즈니스 인맥 모임, 동아리 등에서 내가 먼저 다가가는 자세가 필요하다. 만남의 사후관리도 인간적인 유대관계를 더욱 돈독히 하고 나를 지속적으로 각인시켜 든든한 인맥을 굳히는 전략이 필요하다. 지금은 비록 평범한 사람이라도 후일 잘 될 수도 있음을 잊지 말아야 한다. 평범한 관계가 나를 부자로 만들어주는 관계로 바뀔 수 있음을 알아야 한다.

이처럼 대가를 바라지 않는 수고와 시간을 아끼지 않는 노력이 있어야만 인맥이 쌓인다. 처음에는 작게 보이더라도 점차 장점이 드러나서 능력자로 보이는 계기가 되어 새로운 인맥 형성에 많은 도움이 된다는 것이다.

인맥은 보다 넓게, 깊게 맺어두는 것이 좋다. 첫인상이 중요하므로 만나거나 일이 생긴 당일 바로 감사함을 표시하여 후일을 기약할 수 있어야 한다.

수익형부동산으로 은퇴를 준비하기 위해서도 소형아파트나

연립, 다세대주택 등의 구입단계에서부터 전문가들의 도움이 필요하다. 경매의 경우도 어려울 때 전문가의 도움은 물론 함께 공부하는 지인들의 응원과 도움이 필요하다. 세입자나 급매물도 친밀한 공인중개사가 아니면 어느 누가 나에게 먼저 알려 주겠는가?

　나의 경우는 손품·발품도 많이 동원했고, 저렴한 시기였다는 타이밍도 주효했지만 경매의 경우 강사들뿐만 아니라 함께 공부한 학우들이 많이 도와주었다. 또 주택임대사업자등록을 하기 위하여 주택 숫자를 급하게 5채 이상으로 채우려고 그 지역 공인중개사들의 도움을 많이 받았다. 이로 인해 지금은 월세로 수익형부동산으로 연금처럼 생활비에도 도움을 받게 되었으며, 매도 시에도 가격 상승으로 인한 시세차익이란 보너스를 기대할 수 있다. 이 모두가 평소에 쌓아놓은 인맥테크의 결과물이라 할 수 있다.

최대한 종잣돈을 만들어 마흔이후를 준비하자

●
●
○

나는 첫 번째 직장에서 명예퇴직 후 두 번째, 세 번째 직장생활을 추가한 관계로 비록 은퇴는 늦었지만 은퇴준비는 완료된 상태였다. 인생의 계단에는 엘리베이터가 없다고 한다. 마흔 이전부터 미리 은퇴를 예상하고 준비해야 한다. 나도 40세 정도부터 일본인이 쓴 40세에 관한 책도 읽으며 마음의 준비를 한 기억이 있다.

주택연금 상담실장을 하면서 어르신들이 걱정하는 리스크의 순서는

하나, 장수했을 때의 걱정

둘, 건강이 잘못될까?

셋, 자식들이 잘못되면 어떻게 할까?

넷, 부동산에 너무 과다하게 편중된 자산관리 문제

다섯, 극심한 인플레이션이 닥칠까? 하는 염려가 많았다.

재정적인 은퇴준비도 필요하지만 건강이 더욱 중요하다. 건강하지 못한 노후는 바로 노후자금에도 큰 영향을 미치고, 자식들까지 힘들게 한다. 암이 사망률 1위이나 최근에는 암 정복 소식들이 나오고 있다.

의사들이 걱정하는 바로는 암이 해결되면 그다음에는 치매가 사망률을 높인다고 한다. 뇌를 활성화시키기 위해서도 많이 읽고, 쓰기에 주력하여 치매를 예방하고, 길지 않은 여생을 낭비하지 말아야 한다.

나는 2004년 명예퇴직하였으며, 은퇴 후를 생각하며 앞으로 살아갈 일이 두려워졌다. 제일 먼저 실행했던 일이 모임을 줄이고, 동시에 모임회비통장 연결을 해지했던 기억이 난다.

은퇴를 앞두고 위기의식을 느껴 부동산 공부를 열심히 하면서 성격상 역마살이 낀 탓인지 여행, 등산 등 돌아다니길 좋아했고, 운전하며 장거리 여행을 즐겼다.

가족들을 굶기지 않으려는 책임감 때문에 2001년 2월 23일

택시운전자격증 취득을 시작으로 살고 있는 동네에서 마을버스라도 운전하려고 대형버스운전면허증도 땄다. 금융기관 현금수송이나 제약회사 취업도 염두에 두고 화물운송종사자격증도 취득하고 운전에 필요한 적성검사 등의 부수교육도 이수하였다.

그러다가 나에게 큰 재정적 자산을 축적하게 되는 경매에 입문하는 기회가 우연히 찾아왔다. 경매 등 부동산공부는 원거리임에도 열심히 다녔다. 강의시간에 강사의 이야기를 듣고 문정동 법조타운 부지예정지로 경매법정을 견학하러 갔다가 겁도 없이 돈도 없으면서 계약금을 치르고 응찰하였다. 그동안 공부한 실력 덕으로 8명 중 1등으로 낙찰을 받았다. 당초 개발지로서의 가격의 수익을 따지자면 3.3평방미터, 즉 1평당 3,000만 원씩하는 땅 35평이 공공개발지로 수용되는 바람에 평당 약 300만 원씩만 받았다. 인근 주민들과 1년 가까이 데모하러 다닌 기억이 있고, 보상금으로 약 1억 원을 수령하였다. 수익은 2천만 원 정도로 기대에 만족할 정도는 아니었지만 큰 경험을 하였다. 제대로 시세대로만 받았으면 세금을 공제하고도 10억 이상의 수익을 거둘 수 있었는데 아쉬운 경험이었다.

그 이후 서초동 경매법원 앞 아파트로 이사 와서는 본격적으로 경매장이 열리는 날이면 물건명세 책자 하나만 들고 어떻게 사는지, 얼마에 사는지 구내식당에서 점심을 사먹으며 연구에 연구를 거듭하였다. 드디어 2005년 추운 겨울임에도 열심히 현장을 방문한 사당동 연립주택 물건을 31명의 경쟁률을 뚫고 낙찰을 받았다. 처음에는 어리둥절하여 어찌할 바를 몰랐다. 전 소유자와 세입자의 비협조로 명도 등에 많은 어려움을 겪었지만, 함께 공부한 사람들의 도움으로 무사히 매입을 끝낼 수 있었다. 어려웠던 만큼 알찬 투자였으며, 지금도 그 도움으로 잘 살고 있다.

그때의 교훈은 다른 재테크도 마찬가지이지만 부동산은 타이밍 싸움이라는 점을 알았다. 부동산을 매입할 때는 집중적으로 과감해야 한다는 것도 배웠다. 나의 경우는 시기적으로 아주 잘 맞았다. 과욕을 부렸으면 항상 2등만 하고 낙찰이 안 되었을 것이다. 적게 써서 많은 시세차액을 기대하면 떨어질 수밖에 없다. 또 매각을 성급하게 하면 문제가 생긴다. 그 물건이 아니면 또 다른 물건을 보면 되고, 남들이 못 보는 장점과 단점을 확인하면 길이 보일 수도 있으므로 항상 현장을 우선시하였다. 열심히 배운 대로 노력한 결과였다.

명예퇴직 후 낙찰 받은 총 4건 중 지금 살고 있는 현재 서초동 주택은 2005년 당시 거주했던 서초동 서울 중앙법원 앞 아파트에서 약 2km 거리에 위치하고 있었으며, 공고내용 현장 확인을 위하여 약 3개월 동안 거의 매일 답사를 다녔다. 함께 공부한 친구들과 강사들에게 귀찮을 정도로 질문하였다. 이 주택에 관심을 가진 사람들이 많았고, 드디어 경매 당일에 응찰자 중 평소에 알던 경매전문가들도 많이 응찰한 것 같아 지레 포기한 상태였다. 개봉 결과 내가 19명 중 1등을 하여 주위의 부러움을 사서 식당에서 점심을 대접하였다.

처음 현장답사 때는 전세 세입자는 물론 이웃 편의점 사장조차도 하지 말라고 조언하였다. 등기부등본상의 호수 표시, 세입자 표시도 애매하게 되어 있었지만 하자가 없음을 확인하고 들어갔다. 세입자에게는 이사 갈 주택도 물색해 주었다. 다행인 것은 이 재테크 공부를 하면서 같이 배운 다른 사람들 중에는 공동투자를 하여 많은 어려움도 겪고 사기를 당하여 법정싸움하는 것을 보면서 정직하게 원칙대로 기본에 충실한 것이 얼마나 중요한지를 배웠다.

마지막으로 매입한 건은 우연히 경매물건목록을 보고 현장을 가보니 아주 조그만 다세대로 직전 낙찰자가 미납한 건이었다. 그 낙찰자는 너무 소형이라 포기한 것으로 판단되었다. 응찰자가 두 사람뿐이었다. 그 주택도 역시 명도의 어려움은 많았다. 거주는 하지 않으면서 유명인사의 동양화와 도자기를 보관하는 용도로 사용하고 있었다. 우연히 알게 된 이삿짐센터 사장의 도움으로 관련자들의 인적사항을 알게 되어 겨우 짐을 옮기고 해결을 보았다.

지금까지 낙찰을 받아 소유한 주택으로 인하여 세금이 누진 · 가산되는 것을 피하려고 인근에서 매물로 나오는 비슷한 주택 4채를 급매로 구입하여 주택임대사업자등록을 하고 현재까지 오게 되었다. 그 일로 인하여 그 지역 공인중개사 사장들과는 15년 넘게 단골이 되었다.

어버이날에는 공인중개사의 부모님께 카네이션도 달아드리고, 크리스마스에 케이크도 선물하고, 세입자 입주 날 휴지를 선물하는 등 지금도 가족같이 또 같은 회사 동료직원같이 잘 지내고 있다.

그리고 현재까지 팔지 않고 보유하게 된 결정적 이유는 퇴직 후 6년을 쉬는 동안 발로 뛰면서 투자했으며, 2009년 이후부터는 제2의 직장으로 비록 계약직이었지만 자회사 1년 포함 8년을 근무한 덕택이다.

스스로를 돌이켜 본 결과 잘한 점은

하나, 종잣돈 마련을 위하여 체면치레용 소비를 최대한 억제하였으며

둘, 현장을 중시하여 내가 살고 싶은 집을 선택하였고

셋, 아내의 의견을 최우선시 했으며

넷, 공동투자를 하거나 무리한 투자로 과욕을 부리지 않았고

다섯, 줄기차게 매달렸으며

여섯, 공부하는 동아리 모임에서 회장으로 솔선수범하였으

며, 교수, 멘토(mentor)들, 그리고 함께 공부한 동료들과 등산도 하고, 소통하려고 많이 노력한 결과라고 판단한다.

"젊었을 때는 잘못을 저질러도 좋다. 그러나 그것을 늙어서까지 끌고 가서는 안 된다."

_괴테

PART 2

당신에게 필요한
두 번째_사람공부

"고민의 많은 부분은 지인으로부터 생긴다"

당신이 내일 만날 사람들 중 4분의 3은
동정심을 갈망할 것이다. 그것을 그들에게 안겨 주라.
그러면 그들은 당신을 사랑할 것이다.

- 카네기 -

100년을 같이 살아도 인간은 서로를 모두 알 수는 없다

●

●

○

　캐나다의 심리학자 존 오스본은 "은퇴를 앞두고 몇 년간 은퇴 후의 생활을 미리 연습하는 것이 실제 은퇴를 했을 때 일어날 변화에 적응하는 데 큰 도움이 된다."라고 말하였다.

　출가 전인 자녀가 있으면 출가시킨 후의 미래를 예상해 미리 대비하는 것도 좋은 방법이다. 요즘 캥거루족이란 말이 있다. 서른이 넘어도 여전히 부모로부터 경제적인 지원을 받고 있는 젊은이들을 말한다. 캥거루족 문제는 생각보다 심각하다. 이런 상태로는 은퇴준비를 제대로 할 수 없다.

요즘 아이들을 키우는 3대 요소가 있다.

하나, 할아버지, 할머니의 경제력

둘, 엄마의 정보력과 운전실력

셋, 아빠의 무관심이라고 한다.

덕분에 할아버지, 할머니 노인세대는 이중으로 고생하고 있다. 젊어서는 부모님께 생활비를 드렸고, 늙어서는 자식들에게 생활비를 주고 있다. 부모와 자식 관계에서도 가족의 테두리 안에 공존하면서 각자의 다른 생각들을 충분히 인정해 주어야 한다. 서로가 집착을 버리고 사랑과 용서로 살아야 행복해진다. 부모와 자식 간에도 사회생활처럼 서로 존중하면서 살아야 한다.

부모가 하는 모든 행동은 자식들이 그대로 본받게 되므로 부모가 바뀌어야 자식도 바뀐다.

나는 나이 들어 사랑하는 가족, 친지들과 잘 지내며 대접받는 7가지 비법을 평소 애용하고 있다.

하나, **Clean Up**. 나이가 들수록 집과 환경을 모두 깨끗이 한다. 분기별로 주변을 정리정돈하고, 자신에게 필요 없는 물건은 과감히 덜어낸다. 귀중품이나 패물은 유산으로 남기기보다는 살아생전에 선물로 주는 것이 효과적이고, 받는 이의 고마움도 배가된다.

둘, **Dress Up**. 항상 용모를 단정히 하여 구질구질하다는 소리를 듣지 않도록 한다. 젊은 시절에는 아무 옷이나 입어도 괜찮았지만 나이가 들면 비싼 옷을 입어도 좀처럼 티가 나지 않는다.

셋, **Shut Up**. 말하기보다는 듣기를 많이 한다. 노인의 장광설과 훈수는 모임의 분위기를 망치고, 사람들을 지치게 만든다. 말 대신 박수를 많이 쳐 주는 것이 환영받는다.

넷, **Show Up**. 강연회, 세미나 등 회의나 모임에 부지런히 참석한다. 집에만 칩거하며 대외활동을 피하면 정신과 육체가 모두 병든다. 동창회나 향우회, 옛 직장동료 모임 등 익숙한 모임보다는 새로운 사람들과 만나는 이색 모임이 더욱 좋다.

다섯, **Cheer Up**. 언제나 밝고 유쾌한 분위기를 유지한다. 지혜롭고 활달한 노인은 주변을 활기차게 만든다. 짧으면서도 오래되어 깊은 맛이 나는 곰삭은 지혜의 말에다 독창적인 유머 한두 가지를 곁들일 수 있으면 더 바랄 것이 없다.

여섯, **Pay Up**. 돈이든 일이든 자기 몫을 다해야 한다. 지갑은 열수록, 입은 닫을수록 대접을 받는다. 우선 자신이 즐겁고, 가족과 아랫사람들로부터는 존경과 환영을 받게 될 것이다.

일곱, **Give Up**. 포기할 것은 과감하게 포기한다. 이제껏 내 뜻대로 되지 않은 세상만사와 부부, 자식 간의 문제가 어느 날 갑자기 기적처럼 변모될 리는 없다. 되지도 않을 일로 속을 끓이느니 차라리 포기하는 것이 심신과 여생을 편안하게 한다.

부모로서 내 자식들은 인성교육이 제대로 되었는지 걱정이 많다. 모든 부모들은 내 자식들은 독립하여 안정적으로 잘 살아가기를 희망한다. 젊어서 열심히 자식들의 뒷바라지를 해 주느라 노후준비가 되지 않은 부모가 많다. 나이 80에도 굽은 허리로 힘겹게 폐지를 수거하여 어렵게 살다가 고독사하는 노인의 소식을 가끔 접한다. 요즘 자식들은 부모 모시기를 싫어하고 부모보다 본인의 자식들에게 더 신경을 쓴다. 옛날에는 부모의 노후를 자식들에게 맡겼다. 농경시대 이후 오랜 전통이었다.

하지만 요즘은 초고령화 사회로 진입하면서 부모들도 오히려 자식들의 봉양을 싫어하고 따로 살기를 희망한다. 부모들은 자식을 공부시키고, 출가시키고, 주택 마련해 주느라 노후자금을 마련할 여유가 없다. 자식들 또한 그들대로 사느라 부모의 노후에는 신경 쓸 겨를이 없다. 효도소송 끝에 노후자금 일부를 자식에게서 되돌려 받았다는 뉴스를 접하고 세상인심이 이렇게까지 각박해진 건가하고 걱정이 된다.

요즘 캥거루족이 적지 않다. 나이가 들어서도 부모 품에서 벗어나지 못하는 젊은이들이 증가하고 있다. 평소에 독립심을 길러주는 교육이 필요하다. 자식들까지 부모들의 노후를 불안하게 하는 원인이 되고 있다. 자식들의 실수가 걱정되어 하나에서 열까지 부모들이 처리해 준다면 무엇을 배울 수 있을 것이며, 독립심은 언제 가지게 될까? 모든 것을 보살펴 주는 것은 오히려 무책임한 일이라는 것을 잊지 말아야 한다. 언젠가는 부모를 떠나 스스로 해결해야 한다는 것을 명심하자.

캥거루족을 일본에서는 기생독신이라 하고, 미국에서는 낀 세대라는 뜻의 twixter라고 부른다. 캐나다에서는 직업을 구하러 이리저리 떠돌다 결국 집으로 돌아온다는 뜻의 boomerang kids, 영국에서는 부모 퇴직연금을 축낸다는 뜻에서 키퍼(Kippers; kids in parents'pockets eroding retirement savings)라고 부르고 있다. 프랑스에서는 이를 탕기 세대라고 한다. 이탈리아에서는 큰 아이라는 뜻의 밤 보시오니(bam boccioni)라는 말을 사용한다.

금융기관 재직 때 직원들에게 교훈으로 자주 인용한 작자 미상의 글 '손자에게서 배우는 효도'의 내용을 소개한다.

젊어서 남편을 여읜 한 여인이 아들 하나를 키워 결혼을 시켰다. 며느리로 들어온 여자가 아주 간교해서 남편이 보는 앞에서는 시어머니에게 제법 공손하게 잘 받드는 체하지만 남편이 출근하고 집에 없을 때면 그만 시어머니에게 불손(不遜)해지고 달달 볶아 못살게 굴었다.

여러 해를 지나는 동안 시어머니는 아들을 붙잡고 자주 하소연했지만 아들은 항상 이해하지 못하겠다는 반응뿐이었다. 며느리도 아들딸 낳아 나이가 들고 시어머니는 육순이 넘은 늙은이가 되었는데 며느리의 학대는 더욱 심해졌다.

하루는 견디다 못한 시어머니가 담요 한 장과 옷가지를 싸 들고 밖으로 나가면서 큰소리로 말하였다.

"나는 양로원으로 갈란다. 너희끼리 잘 살아라."

며느리는 마루에서 콧방귀만 뀌고 있었다. 그때 방 안에서 공부하고 있던 중학생 손자가 방문을 열고 밖으로 나오며 할머니에게 말하였다.

"할머니 그 옷 보퉁이 이리 주세요."

중학생 손자는 할머니에게서 보퉁이를 받아 그 속에 든 담요를 끄집어내더니 반으로 접어 가위로 자르는 것이 아닌가.

"아 아니 이 녀석아, 담요 한 장 주는 것이 아까워 반으로 자르는 거냐?"

할머니가 야속해 하며 손자의 무정을 탓하자 손자가 천연덕스럽게 대답하는 것이었다.

"할머니, 반만 가져가세요. 반은 두었다가 이다음에 어머니가 늙어서 양로원 가실 때 가져가야지요?"

이 소리를 옆에서 듣고 있던 중학생의 어머니인 며느리가 얼른 내려가서 시어머니를 붙들었다.

"어머님 제가 잘못했어요. 다시는 불효를 저지르지 않을 것이니 함께 사셔요."

그 후로는 시어머니에 대한 며느리의 행동이 깍듯해지고 가정이 화목해졌다.

돈보다 가치 있는 삶을 살라

●
●
○

행복을 돈으로 살 수는 없다. 인간은 누구나 잘 먹고 잘 살려고 돈을 번다. 돈이 많다고 반드시 행복하거나 만족감을 느끼는 것은 아니다. 돈은 인간다운 생활을 영위할 수 있을 정도만 있으면 된다. 그 이상을 바라는 욕망 때문에 마음의 평안이 깨진다. 물질에서만 행복을 찾지 말고, 정신적 만족을 추구해야 한다.

이와 더불어 중요한 것은 성공에 대한 자신감 상실로 무기력해지는 것을 경계해야 한다. 많이 벌어서 풍족하게 쓰는 방법을 찾아야 하지만, 적은 돈으로 노후를 풍요롭게 보내는 방법도 찾아야 한다.

적은 돈으로 지혜롭게 사는 방법은
하나, 나에게 맞는 생활 방법을 선택하여
둘, 절제된 생활을 하고
셋, 적은 돈을 쓰고도 만족도가 높은 활동과 시간을 찾으며
넷, 재정적 독립에 우선 가치를 둔다.

배우자와 가족 모두와 친밀하고, 손자 손녀들을 돌보는 재미를 느끼게 하는 편안한 가정이 즐거움을 더해 준다.

현직 때 규칙적인 생활로 인해 업무피로 때문에 잠을 못 자는 경우가 거의 없다가 은퇴 후에는 잠을 못 이루는 경우가 생길 수 있다. 무엇보다 심리적 안정을 찾아야 한다. 7시간 이상 숙면을 취해야 한다.

돈보다 건강이 우선이다. 은퇴라는 미지의 세계에 대한 불안이 생길 수 있다. 걱정은 당연한 반응이다. 걱정에 휘둘리지 않고 불안한 감정을 여러 갈래로 쪼개어 조금씩 해결하여 두려운 감정을 소진시켜야 한다. 전문가와의 상담도 좋고, 전화 또는 문자 등으로 친지들과의 안부와 소식을 주고받거나, 식사 초대로 친목을 도모하는 것도 좋은 방법이다.

반평생을 종사한 직장이라는 울타리를 떠나는 것은 충격임에 틀림없다. 당장 대화가 줄어든다. 함께 지내던 동료들을 잃어버린 상실감 때문에 심리적 안전망이 필요하다. 친구가 중요한 이유는 정서적으로 경청하고, 정보를 교류하면서, 그냥 함께만 있어도 마음에 위로가 되고, 실제 문제가 발생했을 때 도움을 받을 수 있기 때문이다.

은퇴 후 찾아오는 스트레스가 어디서 오는지를 파악한 후 어떻게 해소할 것인지를 연구해야 한다. 현직에 있을 때는 꿈도 꿀 수 없었던 잃어버린 나를 되찾아야 한다. 독립적인 삶을 살아 보고, 꿈과 야망을 이룰 수 있는 절호의 기회로 만들 수 있다.

내 나이 30세에 결혼하여 금년이 칠순으로 40년을 묵묵히 살아준 아내에게 감사한다. 이제 이심전심 마음으로 통하고 있다. 아내와 나는 하는 일이 은연중에 분담되어 있다. 결혼 당시에는 같은 금융기관에 다녔다. 금융기관에서 내부적으로 지칭하는 일명 입금과 출금 금액이 일치하는 전표, 즉 '대체방'이라 불리는 사내결혼을 하여 맞벌이로 결혼생활을 시작하였다. 그러다 아이 둘을 키우는 것이 버거워 아내가 먼저 퇴직하면서 외벌이가 되었다.

지점장이 되기 전까지 업무상 술을 먹게 되면 데리러 오는 대리기사는 아내 몫이었다. 퇴직 후 4번 시도했던 부동산 경매 성공을 위해 물건조사를 다니면서, 역할분담을 한 경험이 있다. 정보검색으로 하는 손품과 법원에서 경매물건 사전조사 후 초기 현장답사 발품은 나의 몫이었고, 동사무소에서 세입자의 전입세대열람조서를 징구하는 일과 은행입출금업무, 부동산 중개수수료 준비는 아내 담당이다. 주택 재방문이나 경매 입찰 참가, 명도를 받은 후에 가는 중개사무소 방문, 청소하고 도배하는 일은 항상 함께 하였다. 특히 공인중개 사무실 방문을 부부가 함께 하면 신뢰감을 주는 이점이 있다. 지금도 그렇게 하고 있다.

전기 등 소소한 인테리어 수리는 내가 담당했지만, 소유자 명의는 항상 아내명의다. 주택소유자와 주택임대사업자등록 증명서상 명의가 일치하여야 했고, 내 이름은 항상 계약직으로라도 일할 수 있도록 아껴두었다. 돈 입출금은 확인점검을 위하여 함께 하였다. 특히 부동산계약 때 도장확인과 계산은 아내가 한다. 일대일 트레이닝 PT, 세미나강의 수업료 납부도 당연히 안해(아내), 즉 "집안의 태양" 담당이다.

그래도 나를 마부로 부려먹지 않고, 황제 수준으로 곁에 두니까 내가 아내를 황후로 모시는 이유다. 현직 때는 함께 오래 있는 시간이 많지 않았다가, 은퇴 후에는 같이 있는 시간이 많아 좋은 점도 있지만, 다툼의 소지가 될 서로의 장단점이 보일 수 있다. 처음에는 다툴 수도 있지만 서로를 이해하면 관계가 더욱 돈독해진다.

은퇴 후 바람직한 부부관계를 유지하려면, 은퇴설계 시점부터 서로 상의하고 대화하는 시간을 많이 갖고, 친밀하게 서로 배려하고 존중할 필요가 있다.

돈은 사람을 치사하게 만든다.

부부싸움의 원인도 돈 때문에 일어나는 경우가 많다. 부부 동반으로 해외여행을 갈 경우 부인들은 귀금속, 유명의류나 주방용품을 사고 싶어 하면, 남편들은 돈을 아낀답시고 물건을 못 사게 한다. 귀국한 뒤에도 부인들과 그 일 때문에 서로 다투는 경우를 가끔 보았다. 또 맞벌이에서 외벌이가 되었을 때 한쪽의 수입원이 줄어들어 당황해하는 경우도 많다.

내 생각으로는 이런 모든 일들은 배려와 이해 부족에서 비롯된다고 본다. 서로의 입장을 존중하고 이해한다면 부부관계는 긍정적인 사이로 더욱 친밀해질 수 있다. 나이 들면서 새롭게 발생하는 일상을 자랑스럽게 여기고, 노화에 따른 변화를 순리로 받아들이는 여유를 가져야 한다.

은퇴 후 생활이 어려워지면 여러 가지 구상을 많이 하게 된다. 대부분 은퇴 전 직장에서 근무한 경력으로 재취업하기도 하고, 자영업에 도전하기도 한다. 뿌린 대로 거둔다는 말이 있다. 젊어서 가족 위에 군림한 남편들은 황혼이 되면 쓸쓸하고 외로워질 수 있다는 것을 명심해야 한다. 수명도 줄어든다. 이제부터라도 무심했던 집안일, 간단한 음식준비, 설거지, 세탁기 돌리기, 집 안 청소, 쇼핑 등 작은 것부터 스스로 찾아서 시작해 보자.

은퇴 후 생활비는 얼마가 적당하며, 어떻게 준비해야 할까? 언제부터 준비하는 것이 좋을까? 개인이나 사회적 상황에 따라 건강과 같은 비재무적 준비가 수월할지, 재무적인 준비가 더 쉬울지는 차이가 있을 수 있다.

통상적으로 건강이나 비재무적인 준비는 노력하고 조심하면 어느 정도 가능하지만 재무적인 문제는 개인이 아무리 노력해도 종잣돈의 부족, 경제 전반의 영향으로 기대에 미치지 못 할 수 있다. 경기에 따른 일자리 수요도 고려해야 한다. 고령자를 받아주는 일자리는 갈수록 귀해지고 있다. 나이 들어서는 근로소득보다 연금이나 금융소득, 월세 등 임대소득과 주식 배당소득이 많아야 한다는 것은 누구나 알지만 현실적으로는 이상일 뿐 말처럼 쉽지 않다.

사회분위기도 이제는 노인들의 노동을 당연한 것으로 받아들이고 있다. 모든 노인들이 재산을 쌓아놓고 원금 빼먹기로 살아갈 수 있거나 공적연금이 생활에 불편이 없을 정도로 풍족하게 지급되면 좋겠지만 공적연금제도의 시작이 얼마 되지 않았으며 오르는 물가에도 따라가기 힘든 것이 현실이다.

2-3

가까운 사람과 균형 있는
관계정립이 필요한 이유

●

●

○

100세 시대의 은퇴기는 점차 노후가 길어지며 장성한 자녀들과의 관계정립이 더욱 중요해지고 있다.

이코노미스트에 연재된 부모자녀에 관한 기사를 보면 미국의 임상심리학자 댄 카일리(Dan Kiley)는 1983년 '피터 팬 증후군'에 대해 신체적으로는 어른이 되었지만, 책임지고 싶어 하지 않으며 자신의 의지로는 아무것도 결정하지 못하고 어른이 되어서도 타인에게 의존하는 심리상태를 설명할 때 쓰는 용어라고 하였다.

1970년대 미국에서 피터 팬 증후군이 나타나기 시작한 데에는 경기침체의 여파가 컸다. 고도성장이 멈추면서 '마초' 같았던 남성들의 사회경제적 활동력이 약해졌고, 실업률 증가로 경제적 자립이 어려워지면서 가족을 비롯해 타인에게 의존하는 모습이 나타났다고 한다. 여기서 마초(macho)란 남자다움을 지나치게 과시하거나 우월하게 여기는 남자라는 뜻이다.

장성한 미혼 자녀의 부모 집 귀환은 "3대 폭망"의 하나다.

이런 현상은 경제발전 단계에 따라 미국에 이어 일본으로 퍼져나갔다. 일본에서는 1990년대 '잃어버린 20년'을 거치면서 피터 팬 증후군에 빠진 사람들이 등장하기 시작하였다. 취업이 어려워지면서 알바를 비롯해 단시간 근로자로 20대부터 30대를 보낸 뒤 40대에 접어들어 어쩔 수 없이 부모의 집으로 돌아오는 부류들이 나타나기 시작하였다. 사회진출과 결혼을 미룬 결과 부모에게 경제적으로 의지하는 피터 팬들이 발생하고 있다는 얘기다. 한국도 예외는 아니다.

이런 부정적인 상황에서 이 시대의 부모들이 피해야 할 세 가지 폭탄이 있다.

하나, 치명적 질환이다. 암이나 치매에 걸리면 노후는 '폭망'이 된다.

둘, 배우자 사별이다. 젊은 시절을 아무리 잘 보내도 노후사

별은 인생 후반전을 황폐하게 만든다. 연인에서 부부를 거쳐 황혼의 반려자가 필요한 시점에 사별하게 된다면 인생의 안정 감이 무너지고 삶의 질은 급격히 저하될 수밖에 없다.

셋, 장성한 미혼자녀의 귀환이다. 자녀들이 부모의 경제력에 의존하게 되면 부모의 노후까지 위협받게 된다.

한국보다 앞서 이러한 경험을 하고 있는 일본에서는 피터 팬으로 분류되는 30대부터 40대 인구가 증가하는 것으로 조사되고 있다. 이들 세대는 경제사회적 여파로 만성적 불황과 저성장으로 취업이 잘 안 되어 교육기간까지 길어졌다. 바늘구멍만큼 좁아진 취업 관문을 뚫는 것도 어려워지면서 어쩔 수 없이 다시 부모 집으로 돌아오게 되었다.

우리나라에서도 연애, 결혼, 출산 포기의 3포나, 이에 더하여 내 집 마련과 인간관계마저 포기한다는 5포 세대라는 신조어가 유행되고 있을 정도이니 부모에게 의존하려는 자녀를 외면하기 힘든 시대가 되었다. 과거의 잣대로는 이해할 수 없지만 기성세대는 이를 받아들이지 않을 수 없는 서글픈 현실이다.

게다가 결혼 이후에도 계속 자녀를 지원해야 한다면 노후폭탄이 될 수밖에 없다. 결혼 이후에도 계속 돈을 대다보니 당연히 노후가 고달파질 수밖에 없다. 이를 예방하려면 평소 자녀에게 그들 스스로 자립하게 함으로써 부모에 대한 의존도를 줄여야 한다. 그래야만 자녀들이 독립심을 갖고 최선을 다하는 어른으로 자랄 수 있다.

피터 팬 증후군은 2030세대의 기혼 캥거루족과는 구분되어야 한다. 기혼 캥거루족은 불황의 여파로 부모 집에 신혼 방을 꾸리는 젊은 세대다. 수억 원씩 하는 아파트전세금을 무리해서 마련하는 것보다 경제적 기반을 마련할 때까지 부모와 동거하는 것도 좋은 방법이다. 핵가족이 일반화된 현대사회에 새로운 형태의 3대(代) 동거가 시작되고 있는 셈이다. 다만 여기서도 피터 팬 증후군 감염은 경계해야 한다.

이와 더불어 자녀를 성인처럼 존중하는 자세도 중요하다. 옛날처럼 부모의 권위로 참견할 것이 아니라, 서로 힘이 되어주는 관계가 되어야 한다. 가족 구성원으로서의 애정과 소속감을 가지고 서로 상의해야 한다.

〈다 쓰고 죽어라(Die Broke)〉라는 마크 레빈(M. Levine)의 책이 있다. 은퇴기까지 모은 재산을 자식들에게 물려주지 말고, 여생을 충분히 즐기라는 말이다. 유산이 없으면 자식들이 돈 때문에 싸울 일도 없고 가산을 탕진할 일도 없다. 재산뿐만 아니라 몸도, 마음도, 정신도 모두 쓰고 가라는 것이다. 다시 말해 돈은 노후를 행복하게 살면서 영혼을 성장시키고, 삶을 풍부하게 하기 위하여 모아야 한다는 것이다.

자식이 가장 위험한 크레바스(crevasse)라고 한다. 크레바스란 빙하의 표면에 깊게 갈라진 틈, 즉 균열을 의미한다. 북극의 빙하가 꿈쩍 않고 있는 것 같아도 조금씩 갈라지고 깨지면서 균열이 발생하는 것처럼 퇴직자에게도 이러한 균열이 일어난다는 것이다.

나이 들어 노후의 삶에 대한 걱정을 가까운 친구들과는 스스럼없이 상의하면서 자녀들과는 거의 대화를 않는다. 사회관계망인 SNS에서도 친구들과는 노후생활에 관한 정보나 교훈들을 많이 주고받는다. 친구들 간에는 노후의 텃밭 가꾸기나 여행에 관한 내용도 점차 많아지고 있다.

그러나 자녀들과는 이런 내용을 주고받는 것은 찾아보기 힘들다. 특히 퇴직은 빨라지고, 수명은 길어지고 있어 장성한 자식들과의 합리적인 관계의 정립이 필요하다.

인간관계에서도
'싫다'고 말하는 용기가 필요하다

●

●

○

　　자신의 정신적인 건강과 행복을 위해서는 필요할 때 '싫다'고 말할 수 있어야 한다. 그리고 그에 대해 미안해하지 말아야 한다. '싫다'고 말해야 할 때 '좋다'고 말하다보면 결국은 분노와 우울증에 빠져들게 된다. 우리는 스스로 자신의 인생을 조절할 수 있다고 믿는 만큼 행복을 느끼며 자신의 인생을 조절한다는 것은 싫다고 말해야 할 때 싫다고 말할 수 있는 것을 의미한다.　　_앤드류 매튜스, 『관계의 달인』 중에서 원활한 인간관계를 위해서는 다른 사람의 요구를 적극적으로 들어주는 것이 필요하다. 하지만 그 일이 마음에서 우러나오거나 꼭 나를 필요로 하는 일이 아니라면 일방적인 희생일 뿐이다. 상대방이 그런 상황을 알 수 없기 때문에 한 사람으로부터 같은 일이 반복될 수도 있다. 한번 '좋다'고 한 일을 다음에 '싫다'고 하기는 더욱 어렵기 때문이다. 그로 인해 안타깝게 인간관계가 깨질 수도 있다. 그렇기에 가장 가까운 사람이라도 들어줄 일과 그렇지 않은 일은 반드시 구분해야 한다.

공동체의식이 강한 우리나라 사회에서 친한 사람끼리 부탁하는 일을 거절한다는 것은 쉽지 않다. 하지만 '싫다'고 말하는 단 한 번의 용기 있는 행동이 좋은 인간관계를 만드는 시초가 될 수 있다. 상대방이 이를 받아들인다면 그만큼 나를 존중한다는 의미이고 원활한 인간관계는 상호존중이 기본이기 때문이다. 다음에는 '싫을' 때 꼭 한 번 "싫다"고 말해 보자.

오래전 읽은 박동운 저자의 〈통치술〉이란 책에서 한 나라의 임금이 마음이 너무 좋으면, 그 나라 백성들이 굶주리게 된다는 내용을 본 적이 있다. 너도 좋고 나도 좋고, 모두 다 좋기만 하면 중요한 결정이나 대국에 잔정이 개입되고, 일을 그르쳐 결국에는 모두를 어렵게 만든다는 것이다. 그렇다. 확실한 소신을 가지고 처신을 해야지 모든 사람을 다 만족시킬 수는 없다.

재키 마슨의 〈모두에게 사랑받을 필요는 없다〉라는 책이 있다. 'No'라고 당당하게 거절하는 방법에 대한 책으로 '착한 사람들'의 아픔과 치유의 이야기이다. 당신은 항상 자신보다는 타인을 우선시하는가? 주변 사람들을 실망시키는 게 두려운가? 만약 그렇다면 당신은 심리학자 재키 마슨이 말하는 '좋은 사람의 함정'에 빠져 있을 가능성이 매우 높다.

많은 사람들이 '좋은 사람'이라는 말을 듣고 싶어 하지만, 정작 그 함정에 빠진 사람들은 '좋은 사람'이라는 명칭을 걸어놓은 저주처럼 느낄 수 있다. 이들은 타인의 기대에 숨이 막히고 그 무게에 짓눌리곤 한다. 이렇게 억눌린 감정은 속에서 곪아 가지만, 겉으로는 항상 미소를 지으며 쾌활하게 굴기 때문에 아무도 알아채지 못한다. 그러다 어느 날 갑자기 억눌린 감정이 폭발하고, 자신의 분노에 주위사람들이 충격을 받는 것을 보며 '분노는 받아들여지지 않는다'라는 자신의 믿음을 재확인한다. 함정은 이렇게 악순환을 통해 더 강력해진다.

이 책에서는 '좋은 사람의 함정'에 빠진 사람들이 그 함정에서 조금씩 빠져나오는 방법을 제시하였다. 만약 착하게 생각하고 행동하고 말하는 것 이외에 다른 선택을 할 수 없어서 갇혀버린 느낌이 드는 사람이 읽어야 할 책이다.

나도 첫 번째 직장인 금융기관 재직 시 규정이나 법규를 어겨서라도 무리하게 일을 처리해 달라는 부탁을 받은 경우가 가끔 있었다. 그런 경우 정에 끌리거나 조그만 동정심 때문에 무리하게 처리해 주게 되면 결국에는 부탁하는 사람과 처리해 주는 나도 함께 힘들어지게 되는 경우였다. 부탁도 경우에 따라서는 단호하게 거절할 줄 알아야 한다. 특히 은퇴시점에는 한 번의 실수로 여생을 고통 받으며 살 수도 있다.

세 번째 직장 한국주택금융공사에서 주택연금 업무처리 시 어르신들의 전가의 보도인 "민원을 넣겠다."라는 압력에 굴복하거나 측은지심으로 위규를 저질렀다면 두고두고 두려운 상태로 근무하게 되었을 것이다. 결국 어르신 고객들에게도 피해를 주게 되었을지도 모른다. 마찬가지로 가정이나 친구들 사이에도 체면이나 정 때문에 과다한 비용을 무리하게 부담하게 되면 되돌릴 수 없는 불행으로 연결되는 시초가 된다. 특히 친지 사이의 거래는 타인들과의 관계보다 더 깊은 상처를 받게 되므로 조심해야 한다.

나는 투자하면서도 반드시 원칙을 지켰다. 자식들에게 유언으로라도 남기고 싶은 말, 세 가지를 꼽으라면,

하나, 가까울수록 금전을 빌리거나 빌려주지 않는다. 차라리 금액을 줄여서 주어버려라. 돈은 빌려줄 때부터 고통의 시작이며 친척일수록 더 많은 오해가 생긴다. 나도 사회생활 초년생일 때 멋모르고 두세 번 돈을 빌려 주었다가 돈보다도 더 큰 손해인 마음의 상처를 받은 적이 있다. 물론 사이도 멀어졌다. 그

이후부터는 상대방이 처음에는 다소 기분이 언짢아도 단호하게 장래에 발생될 문제까지 설명하며 두 번 다시 부탁을 못하도록 거절하였다. 저 사람에게는 부탁을 해도 들어 먹히지 않는다는 점을 각인시켜야 한다.

둘, 누구와도 공동투자는 하지 않는다. 꼭 해야 된다면 주식회사 형태로 하라. 공동투자의 맹점은 규모의 이점 때문에 유혹을 받게 되지만, 공동 투자자 중 누군가 먼저 돈이 필요할 경우가 반드시 생긴다. 때문에 당연히 해제할 때 문제가 발생한다.

셋, 보증은 절대 서지 않는다. 내가 금융기관 생활, 또 자회사 근무, 세 번째 직장 한국주택금융공사에서도 그런 분들을 너무나 많이 보았다. 안면 때문에 온 가족이 풍비박산(風飛雹散)되는 우를 범하는 경우다. 잠시 어려운 순간이 있더라도 당당하게 이유를 말하고 거절해야 한다. 특히 은퇴 시에는 한순간의 판단착오로 죽음에 이르는 병도 얻을 수 있는 돌이킬 수 없는 실수를 범할 수 있음을 명심하여 신중에 신중을 기해야 한다.

실제로 현직에 있을 때 정 때문이거나 탐욕으로 인하여 불미한 사고로 인한 스트레스를 이기지 못해 스스로 생을 마감하는 경우를 주위에서 많이 보았다. 다른 사람이 뭐라고 말할 것인가에 대한 걱정은 하지 않아도 된다. 다른 사람이 나에게 뭐라고 할지라도, 그들은 내 인생 고지를 향해 나아가는 데는 어떠한 역할도 할 수 없다. 모두에게 잘한다고 이 세상에서 나에게 필요한 것을 얻을 수 있는 것도 아니다. 모든 것을 결정할 권한은 오직 나 자신에게 있기 때문이다. 스스로를 믿어야 실패하지 않는다.

사람들은 서로의 복잡한 관계 속에서 살아간다. 타인의 비난으로부터 자신을 보호하려면 누구에게나 모든 사람들에게 사랑을 받으면서 살아가겠다는 생각은 버려야 한다. 그럴 필요가 없다. 모두에게 잘 해 줄 수 없으며 못해 주었다고 마음 상할 필요도 없다. 매사를 그렇게 하다 보면 내 몸부터 먼저 상처를 입게 된다.

동료들이 나의 험담을 한다고 해서 그때마다 일일이 대응하면 엄청난 스트레스를 받는다. 험담하는 상대와 나는 다르다는 사실을 인식해야 한다. 상처를 받게 되는 첫째 이유는 상처를 주는 말에 너무 심각하게 대응하기 때문이다. 이 경우에는 고민하지 말고 회피해 버리는 것이 상책이다. 마음이 약하면 살아남기 어렵다. 무슨 일에나 담력을 가지고 낙천적으로 배짱을 가지도록 자기 자신을 개조해야 한다. 상대를 믿고 있었다면 배신감과 상처가 배가 되므로 의존심을 버리자. 또 안일하게 제도 등에 너무 의존하여도 초연해질 수 없다. 심신을 단련하고 당당한 태도로 대할 수 있도록 습관화해야 한다.

가장 가까운 가족 간의 보살핌이나 주고받을 때에도 균형이 필요하다. 서로의 인격을 존중해 주고 존중받아야 모두 행복해지기 때문이다.

인간관계에 있어 "화를 터트리면 죄가 되고 화를 참으면 병이 되고 알아차리면 사라진다."라고 하니 건강을 위해서는 참지 말고 빠르게 알아차려 사라지게 해야 한다. 화를 내면서 살기엔 인생은 너무 짧고 소중한 것이다.

항상 맑으면
사막이 된다

●
●
○

〈위대한 상인의 비밀〉의 저자 오그 만디노는 "매일 날씨가 좋으면 사막이 된다."라고 하였다.

"매일 날씨가 좋으면 땅은 사막으로 변해간다. 수많은 싸움과 셀 수 없는 패배 끝에 성공할 수 있다는 점에서 장애물은 필수적이다. 싸움과 패배는 당신의 실력과 힘을 강화시키고, 용기와 인내력을 키우며, 능력과 자신감을 높일 것이다. 한마디로, 모든 장애는 당신을 발전시키는 동지다."

또 성공한 사람들과 20여 년간 인터뷰를 한 나폴레온 힐도 "모든 문제와 어려움은 그만큼의 기회나 더욱 큰 혜택과 닿아 있다."라고 강조하였다.

"사람들은 화창한 날씨를 고대하지만 매일 날씨가 좋으면 땅은 사막으로 변해간다. 지속적 평안보다는 거친 풍파가 사람과 조직을 강하게 한다."라고 하였다.

나는 첫 번째 직장에서 사회생활 경험 부족으로 금융기관에서 흔히 강조되는 실적에 대한 과욕을 부리다가 스스로 걱정 아닌 걱정으로 스트레스를 받아 엄청난 고생을 한 경험이 있다. 세 번째 직장에서는 주택연금 상담을 하면서 어르신들이 무리한 부탁을 하면서 옛날 사고방식으로 위법하게라도 처리해 달라고 떼를 쓰거나 민원을 넣겠다고 억지를 부리는 바람에 고생하기도 했다.

그런데 그럴 경우 경청만 해드려도 대부분의 문제는 해결되는 경우가 많았다. 이 세상 어디에도 "공짜 점심은 없구나."하고 실감하였다. 어려운 경우를 만나면 인터넷에서 본 작자 미상의 옛날부터 전해오는 '4 × 7 = 27'이란 이야기를 떠올리며 마음을 달래곤 하였다.

옛날에 고집 센 사람과 똑똑한 사람이 있었다.

둘 사이에 다툼이 일어났는데 다툼의 이유인즉, 고집 센 사람이 4 × 7 = 27이라 주장하고, 똑똑한 사람이 4 × 7 = 28이라 주장하였다.

답답한 나머지 똑똑한 사람이 고을 원님께 가자고 말하였고, 그 둘은 원님에게 찾아가 시비를 가려줄 것을 요청하였다.

고을 원님이 한심스러운 표정으로 둘을 쳐다본 뒤 고집 센 사람에게 말을 하였다.

"4 × 7 = 27이라 말하였느냐?"

"네, 당연한 사실을 말했는데 글쎄 이놈이 28이라고 우기지 뭡니까?"

그러자 고을 원님은 다음과 같이 말하였다.

"27이라 답한 놈은 풀어주고, 28이라 답한 놈은 곤장을 열 대 쳐라!"

고집 센 사람은 똑똑한 사람을 놀리며 그 자리를 떠났고, 똑똑한 사람은 억울하게 곤장을 맞아야 했다. 곤장을 맞으면서 똑똑한 사람이 원님께 억울하다고 하소연하였다.

그러자 원님의 대답은 "4 × 7 = 27이라고 말하는 놈이랑 싸운 네놈이 더 어리석은 놈이다. 내 너를 매우 쳐서 지혜를 깨치게 하려 한다."

철학자들이 공통적으로 "행복이란 행복한 인생을 살고 있다는 믿음 자체가 행복을 이루는 기본"이라고 정의하였다.

그러면 은퇴자들은 어디에서 행복을 찾을 수 있을까?

하나, 은퇴 자체보다 은퇴 후에 하게 될 무언가의 일이나 취미에서

둘, 많은 경험을 쌓아가는 즐거움에서

셋, 본인에게 주어진 여건 내에서 최선을 다하는 자신의 모습에서 행복을 느끼면 된다.

쉽게 이루어질 것으로 생각하고 시작했다가 실패하거나 어려움에 부딪치게 되는 경우도 생길 수 있다. 하지만 어려움을 이겨내고 꿈을 이루는 것이 더욱 값지고 성취감과 만족감을 느끼게 한다는 것을 잊지 말아야 한다.

"항상 맑은 날만 계속될 수는 없다." 대부분의 은퇴자들은 노력하지 않아도 행복이 저절로 따라올 것으로 기대하는 경우가 많다.

인생의 길이 항상 평탄할 것이라고 기대하지 말아야 한다. 날씨가 항상 맑으면 사막이 되는 것처럼 질곡과 시련이 오히려 삶을 철저히 준비하고 다져주는 역할을 해 줄 수 있다.

PART 3

당신에게 필요한
세 번째_멘탈공부

"물질적인 독립보다 정신적 독립이 우선이다"

어려움이 크면 클수록 그것을 극복하는 데
더 많은 영광이 따른다.
노련한 선장은 풍랑과 폭풍을 통해 명예를 얻는다.

- 버넌 하워드 -

3-1

단순함의 미학
_생각정리의 기술

●
●
○

생각이 너무 많다. 핸드폰을 보거나 컴퓨터로 작업하거나 책을 쓰다가도 문득문득 아이디어가 떠오른다. 명상을 하다가도 등산을 하다가도 식사를 하다가도 끊임없이 생각들이 올라온다. 심지어 잠을 자면서도 꿈을 꾼다.

이렇게 마구 올라오는 수많은 생각들을 정리할 수는 없을까? 먼저 떠오르는 방법이 메모다. 출력(output)하여 정리하는 것(write something)이다.

생각을 떨쳐버릴 수 없다면, 명쾌하게 정리하는 습관을 들여야 한다. 지금과 같은 정보의 홍수시대에는 생각을 정리하는 습관(習慣, habit)을 훈련시키는 것은 매우 중요하다. 특히 책을 쓰는 작가는 더 말할 필요가 없다.

"생각정리습관"을 길들이는 기술에는 마인드맵(mind map)이 있다. 이는 생각을 그림으로 표현하는 매우 쉽고 강력한 방법이다. 하지만 정리하는 습관이 몸에 배지 않거나, 써야겠다고 의도하지 않으면 쉽게 써지지 않는다.

드니 르보가 쓴 〈생각정리의 기술〉이라는 책이 있다. 역사상 위대한 천재 레오나르도 다 빈치는 화가였을 뿐만 아니라 지질학, 수학, 해부학, 광학, 항공학 등의 분야에서도 뛰어난 능력을 발휘하였다. 다 빈치가 이렇게 놀라운 업적을 이룬 것은 그의 독특한 사고법 덕택이었다고 한다. 스케치와 낙서, 비행기 설계도와 요리법, 심지어 농담에 이르기까지 여러 가지 기호와 단상들을 자유롭게 확장해나가는 방식으로 아이디어를 메모하였다.

다 빈치뿐만 아니라 아인슈타인, 피카소, 에디슨 같은 천재들도 이러한 방식으로 기록한 수많은 메모를 남겼다.

영국의 교육 심리학자이자 세계에서 가장 크고 오래된 지능이 높은 자들의 비영리단체인 멘사(mensa) 회원인 토니 부잔은 다 빈치의 메모에서 영감을 얻어 마인드맵을 개발하였다. 이로써 베일에 가려졌던 천재들의 생각하는 방법이 세상에 널리 알려지게 되었고, 종이 한 장, 연필 한 자루만 있으면 누구나 쉽고 간단하게 천재들의 생각하는 방법을 활용하여 문제를 해결할 수 있게 되었다.

마인드맵이란 기호, 그림, 색상 등을 활용하여 유기적으로 연결되는 여러 가지 생각들을 방사형으로 펼쳐나가는 창의적 사고법이다.

이것은 생각을 체계화하고 기억력과 이해력을 증진시키는 혁신적인 메모의 기술이다. 마인드맵은 정보를 정리하고 분석하는 데 타의 추종을 불허한다. 우리의 모든 일상생활과 업무를 계획 관리하는 데 훌륭한 가이드 역할을 해 준다. 또한 회의, 업무계획, 프레젠테이션, 사원교육, 경영기법 등 비즈니스 분야에서도 탁월한 능력을 발휘한다. 현재 IBM, 골드만삭스, 보잉, GM 등을 비롯하여, 미국의 〈포춘〉지가 선정한 세계 500대 기업 중 300여 개의 기업이 마인드맵을 업무에 활용하고 있으며, 국내의 여러 대기업에서도 적극적으로 활용하고 있다.

생각을 지식으로 발전시키려면 정리하는 기법과 수단을 필요로 하며 무엇보다 습관화시키는 훈련을 쌓아야 한다. 이렇게 훈련된 뇌 근육으로 정보를 체계적으로 정리하여 일상 생활화하고 축적해나가야 한다. 아무리 낯선 환경에서도 생각정리가 습관화되면 주변이 깨끗해지며 모든 물건이나 생각들이 제자리에 있게 된다.

괴물 투수 오타니 쇼헤이의 만다라트

몸관리	영양제 먹기	FSQ 90kg	인스텝 개선	몸통 강화	축 흔들지 않기	각도를 만든다	위에서부터 공을 던진다	손목 강화
유연성	몸 만들기	RSQ 130kg	릴리즈 포인트 안정	제구	불안정 없애기	힘 모으기	구위	하반신 주도
스테미너	가동역	식사 저녁7숟갈 아침3숟갈	하체 강화	몸을 열지 않기	멘탈을 컨트롤	볼을 앞에서 릴리즈	회전수 증가	가동력
뚜렷한 목표·목적	일희일비 하지 않기	머리는 차갑게 심장은 뜨겁게	몸 만들기	제구	구위	축을 돌리기	하체 강화	체중 증가
핀치에 강하게	멘탈	분위기에 휩쓸리지 않기	멘탈	8구단 드래프트 1순위	스피드 160km/h	몸통 강화	스피드 160km/h	어깨주변 강화
마음의 파도를 안 만들기	승리에 대한 잡념	동료를 배려하는 마음	인간성	운	변화구	가동력	라이너 캐치볼	피칭 늘리기
감성	사랑받는 사람	계획성	인사하기	쓰레기 줍기	부실 청소	카운트볼 늘리기	포크볼 완성	슬라이더 구위
배려	인간성	감사	물건을 소중히 쓰자	운	심판을 대하는 태도	늦게 낮차가 있는 커브	변화구	좌타자 결정구
예의	신뢰받는 사람	지속력	긍정적 사고	응원받는 사람	책읽기	직구와 같은폼으로 던지기	스트라이크 볼을 던질 때 제구	거리를 상상하기

생각을 정리하는 최고의 스킬은 명상이다. 노후에는 신체건강보다 정신건강이 더욱 중요하다. 정신을 맑게 하는 방법으로 명상(冥想), 마인드 컨트롤, 참선, 단, 국선도 등이 있지만, 나는 명상을 권한다. 나는 명상과 생각정리습관 덕분에 어려운 문제들을 쉽게 해결할 수 있었고, 처음 경험하는 일에도 많은 도움이 되었다.

나는 우연한 기회에 명상을 시작하였다. 1985년 첫 번째 직장 때 초월명상(超越冥想) 선생을 초대한 상사 덕분에 초월명상법을 배워 지금도 아침, 저녁으로 20분씩 하고 있다. 초월명상은 내면의 편안함을 체험하게 해 주었으며, 신체가 자연 치유됨을 느껴 행복한 생활을 하게 되었다.

초월명상은 인도의 마하리시 마헤시 요기에 의해 베다 철학을 근거로 창시되었다. 바쁜 현대인에게 최상의 명상법이며 기차, 비행기 등을 타고 가는 여행 중에도 가능하다. 배우기와 실행하기가 매우 쉽다.

나는 요즘도 힘든 날이면 앉아서 두 눈을 감고 숫자를 센 후 티베트어의 진언(眞言)인 참된 말, 진리의 말 또는 구절 즉 "자기가 좋아하는 소리"를 암송한다. "감사합니다." 없을 '무(無)', 삶은 생겨나지도 않고, 없어지지도 않는 항상 그대로 변함이 없다는 '불생불멸(不生不滅)' 등을 주문한다. 몰입이 깊어지며 숨소리조차 미세해진다. 그 소리가 사라지는 순간 아주 깊은 바다 해저의 고요한 상태가 만들어져 20분 정도 명상이면 몇 시간의 수면에 해당하는 피로회복의 효과를 본다.

실제 치료가 안 되는 불치병도 명상으로 치유된 사례가 많다. 미국 보건원은 초월명상의 대체의학적 효과연구에 2,400만 달러를 지원하였다. 그 결과 2005년 미국 심장협회는 고혈압을 감소시킬 수 있는 방법으로 초월명상을 의학계에 권유했으며, 미국의학협회는 초월명상이 신진대사증후군의 위험요소인 고혈압, 당뇨, 비만을 동시에 개선시킨다는 발표를 하였다.

KBS 생로병사의 비밀 등 국내 매스컴도 초월명상이 암 사망률을 49%, 심장병 사망률을 30%까지 줄여준다는 연구결과를 앞 다투어 보도하였다. 명상은 생명을 구하는 불가사의(不可思議) 그 자체이다. 아침, 저녁 20분씩 일주일만 해도 그 효과를 확인할 수 있다.

나는 만나는 사람들 누구에게나 명상을 적극 권하고 있다. 특히 오랫동안 치료가 안 되는 질병으로 고생하는 분들에게 권해드리고 싶다. 그러다보니 나는 현재 나와 함께 근무한 동료 직원들과 가족들 사이에서 '마하리시 초월명상의 수제자'로 불리고 있다. 언제 어디서나 쉽게 할 수 있는 초월명상과의 만남이 나에게 참 행복을 가져다주었다. 초월명상을 만나게 해준 부장님께 다시 한 번 감사드린다.

틱낫한 스님은 명상을 다음과 같이 정의하였다.

"당신이 사막에 있으며, 그리고 한 잔의 흐린 물만 가지고 있다고 가정해 보라. 당신은 그 흐린 물을 마실 수 있는 맑은 물로 변형시켜야 한다. 그때 당신은 그 물이 가라앉도록 잠시 동안 내버려 두면 그 물은 맑게 된다. 이처럼 당신이 분노를 일으키고 있다면 그 분노를 다른 좋은 에너지로 바꾸어야 된다. 파괴적인 분노의 에너지를 사랑의 에너지로 바꾸는 것, 이것이 바로 명상의 힘이다."

생각을 고요하게 가지는 것이 첫째 목적이며 호흡, 오감, 감정, 생각으로 진정한 나를 바라보게 하여, 깊은 휴식의 상태를 만드는 것이 명상이다. 결과에 집착하지 말고, 고요한 상태로 만들어지는 그 과정을 즐기는 것이다. 처음에 시작하는 진언 암송이 몰입을 유도해 주며, 마지막에는 진언을 외고 있는지조차 잊어버리는 상태가 된다. 급하지 않게 여유를 가지고 조금씩 편안한 자세로 시작한다. 내가 하고 있는 명상은 호흡 등을 이용하여 몸을 이완시켜 몰입 단계로 들어가면 몸과 마음이 함께 편안해지는 방법이다.

생각정리를 습관화하여 몸에 배게 되면 판단력, 창의력, 기획력, 실행력을 갖추게 된다. 그 결과로 힘들고 어려운 문제가 생겨도, 새로운 환경에서도 쉽게 적응할 수 있다. 나 자신을 되돌아보며 스스로 겸손해지겠다는 생각이 들고, 신체적 · 정신적으로도 강인해지고 더 부지런히 활동하게 된다. 나만의 전문성이 만들어지고, 생각이 축적되고, 주변 정리와 정보를 정리하는 능력이 증대되어 콘텐츠를 재생산할 수 있는 핵심 역량이 키워진다.

　얼마 남지 않은 은퇴 후반기에 아무것도 아닌 주변 사람들의 일 때문에 돈과 시간을 낭비하는 경우가 많다. 이제는 스스로를 충분히 존중해 줄 만큼 살았고, 자신의 문제가 아닌 타인의 문제로 상처를 받아 걱정의 무게를 더 할 이유도 시간도 없다는 점을 명심하자. 나에게 집중하기에도 시간이 부족하다.

공통분모가
인생의 묘약이 된다

●
●
○

은퇴 초기는 부부 모두가 힘들 수 있다. 당장 은퇴 후에 전개될 경제적인 어려움이 두렵기 때문이다. 미국 코넬 대학교 연구팀에 의하면 은퇴한 직후에 부부싸움 빈도가 가장 높았으며, 결혼생활의 만족도가 가장 낮았다고 한다. 그러다가 은퇴 후 2년 이상이 지나게 되면 결혼생활 만족도가 최고를 보였다는 연구결과가 있다. 어떻게 하면 행복한 은퇴부부가 될 수 있을까?

하나, 솔직한 대화

둘, 책임을 나누는 자세

셋, 함께 외부세계와 소통하기 위한 갖가지 활동에 도전하는 기회를 가지는 것이다.

그렇게 하면 혼자 하는 것보다 서로를 이해하기 쉽다. 또 함께 하다 보면 전에는 몰랐던 공통관심사도 발견할 수 있다.

서로가 상대방의 공간을 인정해 주면서 친밀함을 유지하는 관계가 최고의 부부관계다. 즉, 서로가 다른 독립된 관심사를 추구하지만 함께 있는 것만으로도 편안함을 느낀다. 서로를 존중해 주는 부부관계는 은퇴 전보다 더욱 긍정적이고 돈독한 관계로 변한다.

심리학자이며 노벨상 수상자인 다니엘 카너만은 "일상의 행복감은 당신이 굶주림의 고통만 받지 않으면 돈의 액수와는 상관이 없다."고 하였다. 돈과 행복은 비례하지 않는다는 말이다.

스탠퍼드대학 경영대학원의 연구에 따르면, 우리들을 정말 행복하게 해 주는 것은 따뜻한 공동체에 소속된 사람들과의 인간관계이다. 은퇴 전에는 오랫동안 많은 사람들과 생활하면서 자신이 어떻게 살아갈 것인지 잘 알고 있는 것처럼 보인다. 하지만 은퇴하는 순간부터 그런 자신감은 어디로 날아가 버리고 어떻게 살아야 할지 불안감과 걱정이 앞서게 된다.

이 시점에서 그동안 알뜰하게 모은 노후자산과 연금을 떠올리게 되지만, 한편으로는 100세 시대의 장수사회로 오래 살게 될 경우의 생활비, 의료비 등의 걱정을 떨쳐버릴 수 없다. 게다가 심한 인플레이션을 떠올린다면 노후자금이 더 많이 필요하다는 것을 깨닫게 된다. 하지만 이보다 더 부부와 공동생활체의 인간관계를 먼저 생각해야 한다.

부부관계에 있어서도 서로 허심탄회하게 이야기하여 서로의 기대치를 조정해야 하고 공통분모를 찾아야 한다.

노스캐롤라이나의 듀크대학교 연구팀은 은퇴를 앞둔 개인들이 느끼는 불안감 정도를 파악하여 은퇴 전에 미리 공통분모를 만들어 두는 것이 좋다고 하였다.

하나, 주변에 의지할 사람들의 지지와 격려가 없으면, 변화에 따르는 불안감이 더욱 커지게 된다. 도움이 있을 때는 새로운 환경에 적응할 수 있겠다는 확신과 자신감이 커진다.

둘, 불확실한 장래에 대한 불안감을 줄이려면 본인 스스로 매우 잘 살고 행복하다고 자존감을 많이 느껴야 한다.

셋, 뚜렷한 삶의 목적의식을 가지고 있으며 의미 있는 인생을 살고 있다는 만족감을 느끼면서 살고 있는지 확인한다.

위의 모든 것이 함께할 수 있는 공통분모를 찾는 데 도움을 줄 것이며, 불안한 은퇴기를 무사히 지나게 해 주는 지침이 된다.

이외에도 은퇴시점에는 은퇴 전 현직 때보다 인간관계가 더 중요해지며 '동네사람들'과의 관계에도 시간과 정성을 들여야 한다. 부부 사이에도 같은 취미를 가져보고, 평소 바빠서 함께 하지 못한 형제들과 친척들과도 잘 지내도록 한다. 은퇴기에 시작하는 공부가 남은 노후생활의 버팀목이 된다. 평생학생으로, 또 평생 쉬지 않겠다는 자세로 평생 직업을 찾아야 한다. 잠시 쉬겠다는 생각은 영원히 쉬게 된다는 점을 명심해야 한다.

10년 후, 20년 후, 30년 후를 냉정하게 예측해 본다. 학교동문, 옛 직장동료도 중요하지만, 이웃 동네사람들과의 인간관계도 정성을 들여야 한다. 나의 은퇴 후 40년을 위해서도 이제부터는 함께 살아갈 이웃들과의 공통분모를 찾아서 친하게 지내야 한다.

서로의 견해나 신념이 달라 그 어떤 공통분모도 찾지 못하고 친해지지 못하는 경우도 있다. 그러나 서로의 의견을 주고받을 때 분노하거나 협박하는 대신 이해심과 품위를 지킨다면 조화롭게 이야기할 수 있다. 그렇게 하다 보면 많은 부분에서 공통분모를 발견할 수 있다.

내가 어떤 위치에 있느냐가 중요한 게 아니라, 어떻게 생각하고 실천하느냐에 따라 그 모임의 공통분모 형성에 지대한 영향을 미친다. 그렇게 하기 위해서는 내 몸을 갈고 닦으며 서로의 소통에 힘쓰고 조직에 꿈과 비전을 심어주어야 한다.

나의 경우 아내와는 명예퇴직의 아픔을 함께 느꼈고 그 대

안으로 부동산 공부를 시작하여 투자하였으며 각자의 임무를 분담하여 지금도 관리 중이다. 해외여행도 같이 하고, 지금은 손녀들을 돌보는 일을 동업 중이며 각종 세미나와 강의 모임에 함께 다닌다.

나는 등산모임이 많다. 초 · 중 · 고교동창 등산 동우회, 전 직장 두 곳 그리고 각종 동아리 모임 산악회 등 모두 10여 개가 된다. 건강과 산행과 여행의 즐거움을 같이하는 공통분모를 함께 하며 꾸준히 등산과 여행을 같이 다니고 있다.

부모자식 간에도, 형제, 이웃, 친구 간에도 공통분모는 있지만 그전에 상대를 배려하는 마음을 먼저 가져야 한다.

인드라 초한의 마음을 다스리는 명상말씀을 소개한다.

"말은 단순한 소리가 아니며 말하는 사람의 됨됨이와 인간성을 나타내는 척도이다. 말 한마디가 사람을 살리기도 죽이기도 한다. 우리가 평소에 아무 생각 없이 하는 말이 남에게 상처를 주기도 하고 혹은 용기를 주기도 한다. 때로는 말 한마디가 절망에 빠진 사람에게 희망의 빛이 되기도 하고, 이와는 반대로 무심코 던진 말 한마디가 상대방의 마음에 깊은 상처를 주기도 한다.

생각 없이 한 말이 당사자에게 용기를 준다면 다행

이겠지만 실제로는 상처를 주는 경우가 더 많다. 인간은 자기도 모르는 사이에 말로써 타인을 죽이기도 하니 참 죄 많은 동물이다. 사람들은 늘 남이 자기를 어떻게 평가하는지 의식하며 살고 있다. 그래서 타인의 말이 심장을 찌르는 칼날이 되기도 한다. 당신도 남의 말 한마디에 기분이 나빴거나 괴로웠던 일을 여러 번 겪었을 것이다. 그렇다고 말을 내뱉기 전에 '내 한 마디가 저 사람에게 상처를 주지는 않을까'라고 신중히 생각하며 말하는 사람은 많지 않다. 현대는 그렇게 여유 있는 시대가 아니다. 우리는 적어도 가족, 이웃, 친척 등 혹은 약한 사람들에게는 평소 상대를 존중하는 말을 쓰도록 훈련할 필요가 있다.

말은 단순한 소리가 아니며, 말하는 사람의 됨됨이와 인간성을 나타내는 척도이다. 착한 사람은 좋은 말을 쓰고 악한 사람은 본성을 속이려 해도 그 말로써 알 수 있는 것이다. 우리는 같은 값이면 말로써 절망에 빠진 이에게 희망을 주고 방황하는 사람에게 용기를 주고 싶어 한다. 사람은 말로써 힘을 얻고 성장하며, 따뜻한 말을 듣고 자란 사람은 늘 인생을 적극적으로 받아들이는 지혜를 가진다. 진심에서 우러나온 말은 어떤 의사의 주사나 약보다 훌륭하게 사람의 마음을 치유한다."

복식호흡의
뜻밖의 효과

●

●

○

내가 하는 복식호흡의 기본자세는 앉아서 하는 방법으로

하나, 우선 편안한 자세로 앉는다.

둘, 눈을 감는다.

셋, 온몸으로 긴장을 느끼며 허리를 곧게 편다.

넷, 양쪽 어깨가 뒤로 가면서 가슴이 앞으로 나오게 한다.

다섯, 코로 숨을 깊게 들이쉬면서 괄약근을 조이고 입으로 서서히 내쉬기를 규칙적으로 반복한다. 들이쉴 때는 횡격막을 내려 배를 앞으로 내민다.

여섯, 다시 계속 숨을 5초 동안 최대한 들이마신 상태에서 5초 동안 천천히 숨을 참은 후 5초 간격으로 숨을 천천히 내쉰다. 같은 방법으로 8회를 반복한다.

누워서 하는 복식호흡으로는

하나, 밀폐된 조용한 방에서 평소의 자신의 호흡을 어떻게 하고 있는지를 점검하기 위하여 눈을 감고 호흡에 천천히 집중한 다음 후각이나 청각 등 다른 감각을 차단한다. 숨을 복부로 쉬는지, 아니면 흉부로 쉬는지, 느린지, 빠른지를 확인해 본다.

둘, 등을 평평한 바닥에 대고 누워 긴장을 풀고, 무릎은 살짝 굽히고 발바닥을 바닥에 닿게 한다.

셋, 숨을 들이쉬었다 내쉰다. 바른 자세로 호흡을 시작한다. 코로 숨을 들이쉬고 복부로 공기를 최대한 흡입하면서 괄약근을 조인다. 내쉴 때는 입을 모아 최대한 조금씩 내쉰다.

넷, 한 주 동안 계속 반복운동을 한다. 시간이 지나 익숙해지면 호흡을 늘리고 매번 10초씩 3회 반복한다.

이렇게 하면 호흡이 효율적으로 바뀐다. 또 횡격막이 강화되고, 호흡을 느리게 만든다.

복식호흡(腹式呼吸, abdominal breathing)의 사전적 의미는 횡격막의 신축에 의해 배를 일으키고, 내리고를 반복하는 호흡이 기본이며, 심호흡이라 부르기도 한다.

대부분의 일반인들은 무의식적으로 가슴이 오르락내리락하는 짧고 불규칙적인 가슴호흡을 한다. 반면 복식호흡은 글자 그대로 배로 숨을 쉬는 것이다. 가슴은 그대로 있고, 배가 나왔다 들어가는 호흡법이다. 복식호흡은 두통 등의 통증까지도 깨끗이 치유시키는 신통력을 지니고 있다.

나는 평소에도 복식호흡을 수시로 하여 마음의 안정을 찾고 건강에 많은 도움을 받고 있다. 말을 하기 전에, 힘든 일을 할 때 또는 중요한 시험 직전에 복식호흡을 하는 습관이 있다.

나의 경우 은행 입사 시험을 보기 직전에 학교 선생님 말씀대로 복식호흡하였더니 자신감을 갖게 되어 영어 등 두 과목은 만점을 획득, 고득점으로 합격한 경험이 있다. 그 후에는 복식호흡을 해야 할 경우가 별로 없어 잊고 있다가 2004년 9월 버스 대형 1종 면허시험장에서 시험 직전에 지도 선생님을 우연히 만나게 되었다. 긴장이 되거나 떨리면 복식호흡을 하면 안정이 될 거라는 충고를 들었다. 그대로 했더니 정말 마음이 편안해지고 두려움이 없어져 서두르지 않고, 응시한 덕분에 합격한 경험이 있다. 복식호흡은 바쁜 일과 중이거나 운동할 시간이 부족할 때에도 최고의 효과를 준다.

내가 경험한 복식호흡의 효과로는

하나, 복근을 이용해서 숨을 쉬기 때문에 근육이 단련되고 복압이 커진다. 복압이 커지면 대장에 자극을 주어 장의 연동운동이 활발해진다.

둘, 장의 연동운동이 활발해지면 소화나 흡수 그리고 배설작용을 원활하게 하여 변비를 해소하고 소화 장애를 개선하여 체온이 오른다.

셋, 심폐기능이 향상된다. 복식호흡을 할 때 횡격막이 상하로 움직이므로 산소 섭취량이 늘어난다. 이산화탄소를 효과적으로 배출시켜 폐활량을 늘리고, 심장과 폐 기능이 좋아진다.

넷, 체지방을 감소시켜준다. 복식호흡은 일반적인 가슴호흡(흉식호흡, 胸式呼吸)에 비해 칼로리 소모량이 2배가량 높아 신진대사를 원활하게 해 주며 체지방을 감소시켜 준다. 배의 근육을 사용하기 때문에 뱃살이 제거된다.

다섯, 혈압을 떨어뜨린다. 깊고 느린 복식호흡은 말초혈관의 저항을 감소시키고 혈류의 속도가 느려져 혈압을 낮춰주어 고혈압 치료에 효과적이며 동맥경화와 혈전을 예방한다.

여섯, 자율신경을 안정시킨다. 깊고 느린 복식호흡은 부교감신경을 원활하게 하여 혈액순환을 개선하고 심신의 긴장을 이완시킨다.

일곱, 집중력을 향상시킨다. 복식호흡은 스트레스를 받았을 때 긴장을 풀어주고 근육을 이완시켜줌으로써 정신을 청명하게 만들어 맑은 정신을 유지시킨다.

여덟, 불안장애를 치료해 준다. 복식호흡은 부교감 신경을 활성화시켜 자율신경의 균형을 꾀한다. 부교감신경의 활성화는 심장박동을 진정시키고 원활한 산소공급을 도와 근육이 이완된다.

세계보건기구에 의하면 "건강한 인간이란 육체적 · 정신적 · 사회적 안녕 상태가 유지되는 사람"을 말한다. 정신의학자들은 더 구체적으로 "자신의 주체성과 한계성을 이해하고 현실과 주위변화에 잘 적응하며, 다양하게 즐거움을 추구할 수 있으며, 대화와 교류를 통해 다른 사람들과 긍정적인 상호관계를 유지하는 사람, 또한 일의 생산성과 책임감이 있는 사람"을 가리킨다.

현대인들의 스트레스성 질환이나 정신신체질환의 주원인인 스트레스는 가족, 직장, 사회, 국가 누구도 해결해 줄 수 없다. 자신의 스트레스는 자신이 스스로 관리해야 한다. 산에 가서 고성방가를 하고 술을 마신다고 스트레스에서 해방되지 않는다.

일시적 자기도피일 뿐 날이 새면 같은 상황이 반복될 뿐이다. 언제나 자신의 일을 좋아하며, 주위 사람들에게 친절하고 여유로운 인생을 즐기는 것이 스트레스를 잘 관리하는 최선의 방법이다. 하지만 스트레스가 반드시 부정적인 것은 아니며 자신의 의지에 따라 조절이 가능하다. 슬기롭게 이겨내고 극복하는 지혜가 필요하다. 방법으로는 주로 명상이나 복식호흡법,

깊은 수면, 운동요법 등 다양한 방법이 있다.

특히 복식호흡법은 명상, 국선도나 단학, 마인드컨트롤, 참선 등의 기본호흡법이며, 정신을 집중하여 마음을 진정시켜주는 효과가 있다. 호흡을 할 때의 횡격막운동은 전체의 70%를 차지하며, 산소공급을 증가시키거나 기관지나 폐에서 유래되는 분비물인 객담을 배출시키는 데 복식호흡이 효과적이다.

3-4

스트레스를 날려주는
마음치유법, 명상

●

●

○

기계도 기름칠을 자주 해 주어야 녹슬지 않고 잘 돌아간다. 우리 뇌도 마찬가지로 사용하지 않으면 뇌가 굳어 제 기능을 하기가 어렵다. 특히 은퇴시점에는 미리 점검하여 정신건강의 윤활유 역할을 해 주는 명상을 지속적으로 해야 한다.

신체활동처럼 정신도 건강하게 유지하려면 매일 꾸준히 맑고 밝은 정신 상태를 유지하기 위해 명상을 습관화하는 것이 좋다. 은퇴 전에 높은 강도의 정신노동을 하다가 은퇴 후에는 정신활동을 계속하지 못하고 중지 또는 휴식하게 되면 뇌가 놀라서 큰 부담으로 작용할 수 있다.

과학적으로도 명상의 효과가 많이 증명되었다. 특히 불안, 스트레스, 우울증으로 인한 고통에서 벗어나는 치료효과는 뛰어나다. 단순히 불안, 스트레스, 우울증만 없애주는 것이 아니다. 나는 오랫동안 명상을 하고 있으며, 많은 도움을 받았고, 지금도 하고 있다. 명상은 자신 안에 무엇이 들어 있는지 들여다보고 마음의 눈을 뜨게 하여 갈등이 생겼거나 중요한 결정을 앞두고 있을 때 현명한 답을 찾게 해 준다.

명상은 스트레스의 치료방법 중 근육에 주의를 집중시켜 긴장을 인식하고 이를 해소하는 이완훈련이다. 특정한 심리적 현상에 대한 정보를 제공하고 스스로 조절하게 하여 이완반응을 유도하여 스트레스를 감소시켜 준다.

명상의 핵심은 '몰입'이며, 하고 있는 모든 의식을 그 순간에 집중하는 것이다. 명상은 조용히 앉아서만 하는 것이 아니라 언제 어디서나 할 수 있다. 청소를 하면서 책을 읽으면서도 할 수 있으며, 걸으면서, 누워서도 가능하다.

명상을 효과적으로 하는 방법은

하나, 공복에는 명상을 하지 않는다. 배가 고프면 마음이 산만해지기 때문이다. 가벼운 식사나 견과류를 섭취하면 더 좋다.

둘, 옷은 편안하게 입는다. 딱 붙는 바지나 너무 얇아 추운

옷은 좋지 않다.

셋, 가장 편한 자세가 좋다. 편안하게 누운 자세도 된다. 간혹 너무 편해서 잠이 들 수도 있지만, 잠을 자는 것도 휴식이므로 상관이 없다.

넷, 생각을 자기 자신에게 몰입한다. 우선 긴장을 풀고 몰입을 위한 참된 말 진언(眞言)인 '소리'를 되뇌고 조용히 호흡에 집중한다. 잡념이 떠오르면 일부러 물리치려고 하지 않고, 스스로 사라지도록 '모르겠다', '괜찮다'는 식으로 외면한다. 대신 진정한 나를 찾기 위한 소리에는 귀를 기울인다.

다섯, 명상 참여자들의 의견을 듣는다. 그렇게 하면 분위기가 편안해진다. 서로의 몸과 마음의 문을 열어야 한다.

여섯, 스스로를 자의적으로 판단하지 말아야 한다. 관찰자의 입장으로 긴장을 풀고 마음을 깨끗이 비워야 한다.

일곱, 명상을 하는 동안에는 긍정적인 말을 반복한다. 행복, 평화 등 긍정적 단어를 마음에 주입한다.

여덟, 감정은 자연스럽게 흘러나오게 한다. 다른 사람의 눈치를 보지 말고 자신의 감정을 꺼내는 것이 중요하다.

아홉, 명상 지도자에게 물어보는 것을 두려워하지 않는다.

열, 명상은 조용한 공간을 찾아서 한다. 가장 편한 장소와 상태에서 하는 것이 좋다.

나는 아침에는 기상 전 잠에서 깨어나 침대에서 약 20분 명상과 스트레칭을 함께 하며, 저녁에는 잠자기 전 샤워를 한 후에 편안한 의자에서 20분 정도 명상을 하고 잠을 잔다.

이것은 정신건강뿐만 아니라 신체건강, 즉 피로회복에도 반드시 필요하다. 명상을 꾸준히 하는 사람의 뇌와 하지 않는 사람의 뇌구조 자체가 차이가 있음이 증명되고 있다.

규칙적인 명상의 효과로는

하나, 뇌를 연결하는 신경다발의 하나인 전측대상피질이 활성화되어 고통은 한층 줄어든다.

둘, 명상할 때 나오는 뇌파가 깊은 휴식을 취할 때 나오는 뇌파보다 좋아서 피로회복 효과가 몇 배나 있다.

셋, 명상의 효과로 알츠하이머의 진행이 늦추어진다는 사실이 배스 이스라엘 디커네스 메디컬센터의 연구로 밝혀졌다.

은퇴 후 생활에 명상이 반드시 필요한 이유는 몸에 무리가 되지 않으며 심오한 정신세계를 탐색하고, 마음의 평화를 찾게 해 주어 면역체계의 강화, 사고의 유연성, 기억력 향상, 스트레스 감소, 자존감 증가, 양질의 수면을 유도하는 등의 효과로 노화를 늦추는 효과가 있기 때문이다. 각종 질병 특히 치매예방에 매우 좋다는 것은 이미 의학계에서도 발표된 바가 있다.

세계적 사회심리학 학술지인 「성격 및 사회심리학지」에 실린 "은퇴자들의 웰빙과 수명에 미치는 영향"을 연구한 논문에 따르면 명상이 불안감 완화에 매우 효과적이며 기대수명도 올라가고 혈압, 정신건강, 인지능력도 많이 개선된다는 것이다. 이 결과를 보더라도 행복하고 건강한 노후생활을 위해서는 명상이 반드시 필요함을 알 수 있다.

명상으로 바로 나타나는 효과는 급했던 마음이 차분해지고, 호흡이 정돈되며, 불면에서 벗어나는 것이다.

명상의 한자어는 冥想 또는 瞑想으로 표기되며, 눈을 감고 조용히 생각한다는 의미라고 한다. 또 영어는 'meditation'으로 이는 라틴어의 'meditari'가 어원이며, 고요한 상태에서 깊게 생각한다는 뜻이라고 한다.

명상은 수도 방법의 하나로 시작되었으며 정신의학과 심리학에서 활용되었고 현대적인 명상은 1950년대 이후에 초월명상 수행법이 서양인들에게 소개되어 불안, 우울, 불면 등의 치료를 위한 훈련으로 활용되었다.

명상의 종류로는 크게 사마타(Samatha) 명상이라고 불리는 집중 명상과 위빠사나(Vipassana) 명상이라고 하는 알아차림 명상으로 나뉜다. 이 둘의 차이는 사마타 명상은 하나의 대상에 집중하는 명상이며, 위빠사나 명상은 개인적인 판단을 개입시키지 않고, 있는 그대로 바라보고 집중하여 생각, 감정, 욕구 등을 쉽게 알아차리는 명상이다.

방법에 따라서는 호흡명상과 걷기명상으로 나뉜다. 호흡명상은 허리를 세우고 편하게 앉아 눈을 감고, 들숨, 날숨에 집중하는 방법이며, 걷기명상은 편안한 자세로 평소의 걸음걸이로 오른발 왼발의 발바닥이 땅에 닿을 때 집중하는 명상이다.

내가 지금도 수련하고 있는 명상은 초월명상으로 많은 효과를 보았으며 피로를 회복하는 방법으로는 이만한 것이 없다고 생각한다. 그래서 지금도 꾸준히 하고 있다. 초월명상은 일반 수면의 약 6배에 해당되는 피로회복의 효과가 있다고 한다.

내가 배운 초월명상은 좋은 점이 언론이나 입소문으로 전파되어 세계적인 유명 인사들도 체험하고 있다. 영국의 록그룹 비틀스와 미국의 토크쇼 진행자 오프라 윈프리, 현대의 최고 투자자 겸 브리지 워트 헤지펀드사 창업자 레이 달리오, 인도 모디 수상, 노벨 평화상을 받은 콜롬비아의 산토스 대통령, 일본의 하토야마 전 총리와 이나모리 가즈오 회장, 니콜 키드만, 짐 캐리, 아널드 슈워제네거, 클린트 이스트우드 등 많은 유명한 사람들이 즐기는 것으로 알려져 있다.

우리나라에도 〈데이빗 린치의 빨간 방〉이란 자서전으로 소개된 유명한 영화감독 데이빗 린치는 본인 이름을 딴 재단을 만들어 세계 전역의 많은 학교와 교육기관에 초월명상을 보급하였다. 학생들의 건강, 학습, 인성, 재능개발뿐만 아니라 학교에서 단체명상을 하게 하여 국제평화에도 크게 기여하고 있다.

3-5

실수하지 않는
마흔이후의 삶의 기본자세

●

●

○

    2018년 6월 서울시 50플러스 남부캠퍼스 개관기념으로 개최한 강연회에서 연세대학교 명예철학교수이자 도서 〈백년을 살아보니〉의 저자인 100세 김형석 교수의 강의를 들을 기회가 있었다.

    첫마디 말씀이 "요즘 사람들은 철도 들기 전에, 벌써 회갑을 맞이한다."고 하며 나이를 먹을수록 공부를 해야 하고, 취미생활을 만들고, 무엇이든지 해야지 놀지 말라고 하였다.

일본에서는 80세에도 일을 하고, 미국에서는 노는 사람을 '바보'라고 부른다고 한다. 그들은 적은 돈이지만 모아서 1년 후에는 유럽여행을 계획한다고 한다. 60세부터 75세까지는 가족에 대한 책임도 어느 정도 벗어나고 정신적인 성숙단계로 이때가 제일 공부하기 좋고, 행복하게 즐길 수 있는 나이라고 하였다.

콩나물에 물을 주듯이 매일 조금씩 키워 나가야 할 때라고 말하였다. 특히 책을 많이 읽는 나라만이 희망이 있으며, 독서를 많이 하는 국가 G파이브(5)인 영국, 프랑스, 독일, 미국, 일본처럼 100년 이상 책을 많이 읽는 국민들의 나라가 선진국이라는 것이다.

나이가 들수록 생활공간을 넓게 가지라는 충고도 들었다. 70세 남편이 좀 일찍 귀가하면 부인이 왜 벌써 오셨냐고, 어디 안 나가냐고 돈 1만 원을 주면서 쫓아낸다는 우스개 말씀도 하면서 사회적 책임을 깨닫고, 더 넓은 공간을 유지하도록 노력하라고 하였다. 영국의 처칠 수상이나 아인슈타인처럼 늦게 성숙하는 사람들이 있으므로 우리 주위의 사람들도 기다려 주어야 한다는 것이다.

시야가 자기만 보는 사람, 가족만 보는 사람, 다양하게 많지만 그래도 더 크게 사회나 국가를 걱정하는 사람이 되어야 한다는 것이다. 그렇게 해야 인간의 그릇도 바뀌고 국가와 사회를 위하여 봉사하는 것이 제일 행복하다고 강조하였다. 이처럼 오래 사는 것만이 행복이 아니고, 노년에도 보람 있는 일을 하게 되면 비록 고생이 되더라도 행복하다는 교수님의 말씀에 깊은 감명을 받았다.

특히 가장 가슴에 와 닿는 점은 노후도 준비가 필요하며 정신건강을 위해 마음을 닦고 지키는 공부를 많이 해야 한다고 언급한 부분이다. 구체적으로 독서를, 그중에서도 종이책을 많이 읽어야 한다고 강조하셨다.

김형석 교수는 도산 안창호선생의 강의를 들었고, 윤동주 시인과 동문수학하였으며, 정진석 추기경을 제자로 두었다니 정말 근대역사의 산 증인이다.

20년 넘도록 병중인 부인을 간호하다 떠나보내고, 지금은 80세가 넘은 제자들이 친구처럼 책 교정도 봐주고, 지방으로 강의를 갈 때 운전도 해 준다고 한다.

아들, 딸, 사위들은 모두 정년퇴직을 했는데 교수님 혼자 아직 일을 한다고 하였으며, 과거에는 자녀들이 용돈도 주고, 식사를 하면 으레 자녀들이 계산을 했지만, 지금은 오히려 아버지가 책을 쓰고 강의도 해서 돈을 버니 밥값을 치르라 한다면서 자랑하셨다.

또한 은퇴시점에는 자기의 기억 보물창고에서 좋았던 기억과 나빴던 기억 중 가장 즐거웠던 기억을 되찾아 추억하는 것이 노화를 예방하는 데 도움이 된다고 하니 즐거운 기억만 떠올리는 것이 좋다. 자기 주변에 있는 사람들과 좋은 관계를 유지하며, 낙관적이고 항상 감사하는 마음을 가지고 명상을 하다 보면 정신도 건강하게 유지할 수 있다.

은퇴시점의 모든 변화를 수용하고 받아들이는 긍정적인 마음이 없으면 노후가 우울해진다. 은퇴 후의 신체적·경제적인 문제로 주위 가족들과 변화를 거부하는 것은 좋지 않다. 나이가 드는 것은 자연현상이므로 어쩔 수 없으나 적극적으로 대응하는 자세가 필요하다.

개인에 따라 행복지수도 천차만별이다. 대부분의 사람들은 자신이 가진 것의 가치를 깨닫지 못하고, 이상과 현실을 비교하여 불행하다고 단정하는 경우가 많다. 물질적인 과욕을 버리고 현재에 만족하는 마음가짐을 가지는 것이 필요하다.

영국 BBC 방송 특집기사에서 인간의 일생에 걸친 만족도 조사에서 만족도가 높아지는 시점은 여러 가지 책임에서 자유로워지는 중년 이후였으며, 높아지는 정도는 그 이전 삶을 어떻게 살고 노후를 준비하느냐에 달렸다고 하였다.

대부분의 사람들이 은퇴준비를 잘하고 잘못하고를 떠나서 불확실한 은퇴를 두려워하기 마련이다. 이 두려움에서 내 마음을 지키는 것이 무엇보다 중요하다. 그러기 위해서는 먼저 자신을 사랑해야 한다. 두려움 때문에 냉정을 잃는 순간, 이성도 함께 잃게 된다.

나도 첫 번째와 세 번째 직장에서 큰일도 아님에도 판단력이 흐려지며 공포감이 몰려오는 경험을 한 적이 있다. 지나고 보면 별것도 아닌 기우(杞憂)에 불과했지만 자신을 옭아매어 쓸데없는 걱정을 하느라 소중한 시간을 낭비하였다.

이처럼 두려움은 이성적인 판단을 마비시키고 계획을 망각하고, 우둔한 행동으로 결국에는 실패를 맛보게 한다. 직장생활하면서 어려운 경우를 몇 번 경험해 본 이후부터 막연히 걱정하기 전에 먼저 두려워하는 그 자체를 떨쳐버리고 일단 편안해지려고 '생각 바꾸기' 노력을 하는 노하우가 생겼다.

어니 젤렌스키는 저서인 〈느리게 사는 지혜(Don't hurry, be happy)〉에서

"40%의 걱정은 절대 일어나지 않을 걱정,

30%의 걱정은 과거에 이미 터진 걱정,

22%의 걱정은 너무나 사소한 일,

4%의 걱정은 우리 힘으로 어쩔 수 없는, 절대 바꿀 수 없는 일,

나머지 4%의 걱정만이 우리가 바꿔놓을 수 있는 정말 걱정해야 할 일이다."라고 하였다.

언제까지나 고민만 하다가 우유부단한 삶을 살 것인가? 머뭇거리기엔 너무나 짧은 우리의 노후를 두려움 없고, 거침없는 성공과 행복한 삶으로 바꾸어야 한다.

은퇴기가 되면 불필요한 걱정을 하게 되거나 사회로부터 소외감을 느낄 수 있다. 그로 인한 마음의 상처로 비참해지지 않을 준비가 필요하다. 이런 때일수록 수련, 명상시간을 가지는 것이 좋으며, 어떤 노후를 설계할 것인지 끊임없이 본인과 대화해야 한다.

> "불친절한 세상에서 '나'로 살아남기 위해 눈치 보지 않고 나다울 수 있는 '당신'을 위해 평범하지만 아름다운 '우리' 보통의 존재들을 위하여 내가 아닌 모습으로 사랑받느니 차라리 있는 그대로의 내 모습으로 미움 받겠다."
>
> *-미국의 록 가수 故 커트 코베인*

위 내용처럼 타인이 나에게 바라는 내 모습으로부터 자유로워져야 한다. 나의 자존감을 몰수당하는 불행에서 헤어나려면 내 마음을 확실하게 닦아야 한다. 노후가 되면 냉담한 사회 현실을 피부로 절감하게 된다. 그만큼 준비를 단단히 해야 한다.

하나, 모두에게 칭찬받으려 하지 말자.

둘, 잠시 흘러가는 타인일 뿐인데, 흔들리거나 상처받지 말자.

셋, 이 세상 모든 일이 나로 인하여 발생하는 것으로 착각하면 안 된다.

넷, 나의 자존감을 최대한 높이고, 나답게 살도록 노력한다.

다섯, 완벽을 바라지 말고, 실수도 받아들인다.

여섯, 남과 비교하지 않는다.

일곱, 성공만 하는 것은 실패다. 실패하여 잠시 쉬는 것도 인생임을 잊지 말자.

여덟, 부정적인 말을 달고 사는 사람과는 함께 하지 않아야 한다.

죽음을 위한 마음 닦기도 해야 한다. 죽음은 언제나 누구에게나 아무 예고도 없이 불쑥 찾아온다.

티베트의 속담에 나오는 비둘기처럼 되어서는 안 된다.

그 비둘기는 잠자리를 만들기 위해 밤새도록 부산을 떨다가 잠을 자기도 전에 새벽이 밝고 말았다고 한다. 자신도 전혀 알지 못하는 다음 생을 맞이하는 준비로 현재의 소중한 삶을 헛되이 소모해버리는 우(愚)를 범하지 말자.

관계가 좋아지고, 마음이 청결해지는 말 100가지

●
●
○

1. 덜 채운 상태에서 만족한다.

2. 덜 중요한 것으로, 아무것도 아닌 것으로 인식해 버린다.

3. 지금, 여기가 꽃자리임을 인정하고 시작한다.

4. 10년 후, 20년 후, 30년 후의 나를 상상해 본다.

5. 굳이 스트레스를 피해 가려고 애쓰지 않는다.

6. 내가 바뀌면, 죽이고 싶도록 미운 사람도 필요할 때가 있다.

7. 인생은 단지 시험일뿐이다.

8. 사실을 있는 그대로 받아들인다.

9. 발표하거나, 힘들 때, 시험 직전에는 심호흡을 한다.

10. 333작전, 3번 맞장구, 3번 경청(傾聽), 3번 칭찬

11. 느려빠진 운전자가 된다.

12. 느긋하게 한 번에 한 가지씩만 한다.

13. 갖고 싶은 것은 무시하고, 갖고 있는 것을 줄 세워 본다.

14. 마음을 차분하게 가라앉히고, 긍정적으로 명상을 한다.

15. "그럴 수도 있겠구나."라고 생각해 본다.

16. 모든 일에 완벽보다는 진일보에 초점을 맞춘다.

17. 자기 말만 앞세우지 않으며, 자기자랑은 억제한다.

18. 일을 함에 있어 짓물러 느러터지게 기다려도 본다.

19. 3년 후에도 안 쓰게 될 물건은 과감하게 버린다.

20. 당신이 나라도 그렇게 했을 것이라고 상상해 보고 용서한다.

21. 많아서 나쁜 경우와 적어서 좋을 경우를 항상 염두에 둔다.

22. 내가 남의 참견을 좋아하지 않듯이, 나도 남의 일에 밤 놔라, 대추 놔라 하지 않는다.

23. 항상 생의 첫날이자 마지막 날처럼 아끼고 살아간다.

24. 평범함 속에 비범함이 있다.

25. 스쳐가는 일들은 바람에 그냥 날려 버린다.

26. 문제를 보는 시각과 성공의 정의를 바꾸어 본다.

27. 친구나 가족 중에도 나의 스승 또는 참된 길잡이가 있다.

28. 계획은 어디까지나 계획이므로 언제나 수정이 가능하다.

29. 분명히 존재할 타인의 순수한 동기, 진실을 진지하게 탐험해 본다.

30. 절대로 나의 한계란 존재하지 않음을 인정한다.

31. 삼사일언(三思一言), 삼사일행(三思一行), 한걸음 더 물러서서 생각하는 습관을 들인다.

32. 스트레스를 받았을 때의 사고(思考)는 형편없는 생각이 대부분이다.

33. 인생에 있어 위급상황이라고 분류될 그러한 시점은 많지 않다.

34. 완벽이란 존재하지 않듯이 모든 일을 다 잘할 수 있다는 생각은 버린다.

35. 왜곡되게 침소봉대하여 죽을 정도의 스트레스로 자라게 하지 않는다.

36. 현실은 현실일 뿐, 잘못된 생각으로 문제화하여 혼란스럽게 만들지 않는다.

37. 금전에 관하여는 솔직해야 한다.

38. 이 세상에 공짜점심은 없다.

39. 기분이란 원래 수시로 변하게 마련이므로 자유롭게 둔다.

40. 주변 환경에 끌려 다닐 정도로 인생은 그렇게 여유롭지 않다. 곁가지는 제거하자.

41. 행복은 과정이지 결과물이 아니다.

42. 좋은 아이디어가 삶을 더욱 편안하게 한다.

43. 삶이란 학과의 과제물을 단순화시킨다.

44. 아파서 못 걷는 게 아니라 걷지 않아서 아프다. 보생와사 (步生臥死), 걷는 것이 노화를 방지하는 최고의 약이다.

45. 편견은 새로운 편견을 낳는다.

46. 관계의 출발은 항상 자신이다. 허물은 자신에게서 찾는다.

47. 모든 분쟁은 너무나 사소한 일에서 잉태된다.

48. 바쁘다는 말은 그 말을 할 때만 바쁘지, 강조되어야 할 하등의 이유가 없다.

49. 우리는 건강하게 행복하게 살 권리가 있다.

50. 거부하지 말고 받아들인다.

51. 과거의 짐과 미래에 대한 부담은 벗어던진다.

52. 의미 있는 삶에 대하여 생각한다.

53. 사람의 행복은 생의 길이가 아니다.

54. 사람은 빵만으로는 살 수 없다. 버터도 있어야 한다.

55. 이 세상에 씨 뿌리지 않으면 거둘 것이 없다.

56. 멈출 수 있어야 걸을 수 있고, 느린 만큼 빨라진다.

57. 누구나 미래를 장담할 수 없다.

58. 살아가기 위한 최소한의 돈과 건강은 자유로운 삶의 첫째 조건이다.

59. 일은 건강과 재테크를 위한 수단이다

60. 잘 이루어진 재테크는 좋은 휴테크와 건강테크를 만든다.

61. 스트레스가 스트레스를 재생산한다.

62. 남들은 내가 나를 생각하는 만큼 나에게 관심이 없다.

63. 배짱을 키운다.

64. 인생은 일장춘몽, 일 막의 연극이고 운명의 장난일 뿐, 누가 연출을 더 재미있게 하느냐가 잘 살고 못 살고의 척도이다.

65. 명상, 걷기, 이완체조, 복식호흡, 등산, 힐링, 여행은 건강하게, 즐겁고 행복하게, 살기 위한 수단이다.

66. 조그만 것이 불씨가 된다.

67. 여행도 좋은 치료제이다.

68. 치료에는 약값을 아끼지 말자. 모든 약과 진료를 총동원하여 최선을 다했다는 만족감을 느끼게 하는 것도 도움이 된다.

69. 오해나 불분명함이 두려움의 원인이 될 수 있다.

70. 두려움은 두려움 그 자체일 뿐이다.

71. 치료를 위한 본인의 노력이 반드시 필요하다. 명상, 걷기, 심호흡이 좋다.

72. 어제는 꿈에 불과하며, 내일은 환영일 뿐, 오늘을 즐기자.

73. 언제나 늦은 경우는 없다.

74. 무조건 참는 것이 최선은 아니다.

75. 가정을 지키는 것이 행복의 지름길이다.

76. 누적된 정신적 긴장이 스트레스의 원인일 수 있다.

77. 은퇴 후 인생은 또 하나의 새로운 인생이다.

78. 정신적 고통이라고 생각되는 내용은 누구에게나 설명할 수 있는 것은 아니다.

79. 단순하게, 느리게 사는 즐거움을 누린다.

80. 나는 반드시 좋아진다는 확신을 가진다.

81. 좋지 않은 환상은 좋지 않은 고리를 이어가므로 쉽게 빠져 나오기 어렵다.

82. 알코올 중독은 진행성 질병이다.

83. 그래도 사람들과 자주 어울려야 한다.

84. 예외는 있다고 생각하고, 욕도 하고 싫은 것은 싫다고 해야 한다.

85. 우선 내 주장을 확실하게 나타내는 습관을 들이도록 한다.

86. 말을 많이 하면 상처를 주기 쉬우므로, 우선 많이 듣는다.

87. 어려움을 무조건 피하지는 않지만, 우선 쉽고 편안한 방법을 찾는다.

88. 내 생활에서 부정적인 면은 영원히 추방한다.

89. 칭찬을 기대하며, 상처받을 일을 먼저 만들지 않는다.

90. 아는 만큼 보이므로 많이 배운다.

91. 사회적 사건, 일의 처리를 두고 "이렇게 했으면 문제가 없었을 텐데."라고 연구해 본다.

92. "이까짓 게 뭐가 대단해!"라고 소리쳐본다.

93. 스스로를 가두지 않는다.

94. 나는 나 자신을 믿는다.

95. 그래도 일단 두드려 본다.

96. 절이 싫으면 떠나지 말고 뜯어고친다.

97. 스트레스를 보약으로 여긴다.

98. 가치부여의 전도사가 된다.

99. 장애물을 디딤돌로 여긴다.

100. 이 또한 지나가리라.

PART 4
당신에게 필요한
네 번째_내 몸 공부

"몸이 변해야 인생이 바뀐다"

미래의 의사는 환자에게 약을 주기보다
환자가 자신의 체질과 음식, 질병의
원인과 예방에 관심을 갖도록 할 것이다.

- 토마스 A. 에디슨 -

4-1

몸을 더욱 풍요롭게 만드는 간헐적 단식

●
●
○

건강보다 더 귀중한 것은 없다. 은퇴시기에 챙겨야 할 것도 많은데 갑자기 질병으로 병원에 입원하게 되면 어떻게 될까?

인생살이에 중요한 다섯 가지를 꼽으라면 나는 건부재사우 (健夫財事友)를 주장한다.

즉 건강, 부부화합, 재산, 일, 친구 모두 중요하지만 그 첫 번째가 건강이다. 누구나 아파본 사람은 건강의 고마움을 새삼 느낄 것이다. 나 역시 그 감사함을 알기에 최근 신문광고에 자주 등장하는 '건강보다 더 소중한 가치는 없다'라는 광고 문구와 한때 유행한 적이 있는 연세대 세브란스 윤방부 교수가 제창한 "소식, 다동, 절주(小食, 多動, 節酒), 즉 적게 먹고, 많이 움직이고, 술을 절제해야 한다."라는 세 가지 중 '소식'은 "간헐적 단식" 방법으로 꾸준히 노력하고 있다.

내가 처음 시작하게 된 계기는 정기 건강검진 결과 복부비만과 과체중을 줄여야 한다는 주치의의 충고가 있었기 때문이다. 바로 동네 PT 헬스장에 등록하여 1대1 강습 30회를 신청하여 약 6개월 동안 다녔다. 운동기간 중에 간헐적 단식이 무엇이며, 운동방법과 건강 식단에 대해서도 알게 되었고 꾸준히 실행하였다. 그 결과 아내가 신기해 할 정도로 "핀셋으로 불룩한 배를 쏙 뽑아낸 것 같다."라며 자기도 해 보겠다고 하였다.

복부지방률을 표준치로 바꾼 것은 물론, 운동으로 얻은 또 다른 수확은 체중감량과 골격근량, 체지방률을 표준치로 바꾸었다. 모든 수치를 표준으로 바꾼 힘은 운동의 영향도 있겠지만 무엇보다도 간헐적 단식 덕이었다고 판단된다.

일본 나구모 요시노리 박사의 저서 〈1일 1식으로 내 몸을 살리는 52일 공복 프로젝트〉에는 하루 한 끼의 식사가 오히려 건강하게 사는 비결이라고 역설하고 있다.

"영양을 계속 섭취해야 건강하다는 생각은 낡은 사고방식이다."라고 단언한다. 오히려 공복 상태에서 '꼬르륵'하고 소리가 나면 몸이 젊어지는 효과가 있다고 한다. 10여 년 동안 '1일

1식'을 실천해온 나구모 박사는 자신의 체험과 의학적 근거를 통해 '1일 1식'이야말로 우리 몸에 가장 적합한 최적의 식사법임을 최초로 입증하였다.

지금까지 우리는 하루 세 끼를 꼬박꼬박 챙겨 먹는 것이 건강을 지키는 것이라고 굳게 믿어왔고 굶는 것은 건강에 해롭다고 여겼다. 이 같은 상식에 반하는 나구모 요시노리 박사의 이론에 귀 기울일 필요가 있다.

간헐적 단식(intermittent fasting)이란 영국 BBC 방송의 다큐멘터리 프로그램 진행자인 마이클 모슬리가 〈간헐적 단식법〉이라는 책을 집필하면서 널리 알려졌다. 그는 이 책에서 "먹고, 단식하고, 장수하라"의 3가지를 강조하면서 이른바 5대2 다이어트 방법을 세시하였다. 1주일에 5일은 충분히 식사를 하되, 2일은 제한된 칼로리 내에서 섭취하라는 것이다.

간헐적 단식은 체중감량과 근육량을 높여주면서 균형 잡힌 몸매를 만들어주는 효과가 있다. 더 빠른 체중 감량을 원한다면 단식하는 날을 더 늘리면 되지만, 시작부터 너무 과하게 목표를 정하면 건강을 해치게 될 염려가 있다. 처음에는 일주일에 하루 정도로 잡아주고 적응되면 2일 내지 3일로 늘리는 방법이 좋다고 한다.

나는 이 간헐적 단식이 번거로울 것 같고, 필요성을 느끼지 못했다. 그러다가 퇴직을 한 후 출근을 않고 집에만 있는 경우가 많아져 늦은 아침 겸 점심 "아점"과 늦은 점심 겸 저녁 "점저"로 1일 2식을 하게 되었다. 한 끼를 손해 보는 것 같아 섭섭하게 생각될 경우도 있었다. 하지만 우연한 기회에 SBS의 공개방송에 「그것이 알고 싶다」 프로그램의 진행자로서, 자기관리가 철저하기로 정평이 나 있는 배우 김상중 씨가 출연하여 자기는 1일 1식을 한다는 이야기를 들었다. 그때 내가 하고 있는 1일 2식이 적게 먹는 것이 아니라는 것을 알았다.

내가 소식과 1일 2식을 하는 또 다른 이유는 복부비만으로 등산할 때 힘이 들었고, 심장에도 좋지 않다는 점을 알았기 때문이다. '암(癌)'이란 한자에 입 구(口) 자(字)가 세 개인 이유는 세 개의 입으로 마구 먹어서 생기는 질병이란 의미라고 한다. 너무 많이 먹어서 오는 병이라는 것이다. 옛날에는 못 먹고 굶어서 병이 생겼지만, 오늘날에는 너무 많이 먹어서 병이 생긴다고 해서 간헐적 단식이 인기를 끌었다. 최고의 식사는 적게 먹는 것이다. 동안(童顔)을 만드는 데에도 좋다고 하여 많은 사람이 시도하고 있다.

몸은 정직하다. 매일저녁 폭탄주에 줄담배를 피우는 사람과 국선도나 PT(Personal Training)로 매일 관리하는 사람과는 당연히 차이가 날 수밖에 없다. 간헐적 단식을 하는 등 음식을 절제하는 것도 필요하겠지만 자기 몸에 대하여 철저히 공부하는 것도 중요하다. 이런 세태를 반영하듯 요즘은 PT나 헬스장이

성업 중이다.

운동 기간에만 반짝하다가 요요현상으로 원위치 되는 경우가 종종 있다. 그러나 몸은 대부분 살을 뺐을 때를 잘 기억하고 있기 때문에 이후부터는 몸에서 과음이나 과식의 경우에는 거절 신호를 보낸다.

자연치유력과 식이요법을 강조한 의학의 아버지 히포크라테스의 전집에는 식생활 개선의 중요성을 강조한 '섭생에 관한' 내용이 나온다. "I am what I eat. 즉 내가 먹는 것이 나다."라고 하였다.

나는 건강한 식단으로 우선 '적게 먹기', '기름진 음식 절제하기', '국물 먹지 않기' 이 세 가지를 지키고 있으며 가끔은 많이 먹어주기도 한다. 내가 보기에는 이것이 오히려 간헐적 단식이란 말뜻에 맞는다고 판단한다. 우리가 얼마 동안만 다이어트하다가 그만둘 것이 아니라, 자신에게 맞고 평생 할 수 있는 방법을 찾아야 하기 때문이다. 어떤 다이어트가 좋다는 이론에 치우칠 것이 아니라 본인의 체질과 형편에 맞는 방법을 선택하는 것이 최선의 방법이다.

다이어트도 중요하지만 건강한 몸을 유지하기 위해서는 운동은 반드시 필요하다. 나는 유산소운동인 등산을 꾸준히 하면서 동네 공원이나 헬스장에서는 근육운동을 함께 하고 있다.

공복을 유지하는 상태가 주기적으로 반복되면 그만큼 위의 크기가 줄어들고 소식을 함으로써 음식물에서 나오는 독소가 자연스럽게 적어져 다이어트나 건강개선에 효과를 낸다는 것이다.

미국 국립노화연구소의 '볼티모어 장수연구'에 따르면 건강한 노화의 중요한 네 가지 원칙은 다음과 같다.

하나, 움직여라, 운동하고 적당한 활동을 하라.

둘, 체중과 체형에 신경 써라.

셋, 건강음식, 무엇을 먹을지 항상 생각하라.

넷, 즐길 수 있는 활동에 참여하라.

아인슈타인은 이렇게 말하였다.

"인생은 자전거를 타는 것과 같다. 균형을 잡으려면 움직여야 한다."

소식, 다동, 절주법칙을 기억하라

●

●

○

2018년에 출간된 미국 〈타임(Time)〉지의 특집으로 인간 수명 142세를 예측하였고, '건강하게 오래 사는 비법'으로

하나, 긍정적인 사고

둘, 강한 교우관계

셋, 규칙적인 운동

넷, 건강 식이요법

다섯, 유쾌하고 외향적인 태도를 강조하였다.

"모든 것을 이루어도 건강을 잃으면 전부를 잃는 것이다."라는 말처럼 인생에서 건강보다 중요한 것은 없다. 그야말로 "Health is Everything"이다. "건강은 건강할 때" 지켜야 함에도 건강을 소홀히 여겨 단지 보약이나 건강식품만 먹으면 건강해지는 것으로 착각하는 경우가 많다. 하지만 건강을 잃으면 본인은 물론 가족, 직장, 사회적으로도 큰 손실이 아닐 수 없다.

친구로부터 "건강을 위해서는 어떤 노력이든지 많이 해야 한다."라는 말을 들은 적이 있다. 그 말에도 일리가 있다고 생각하여 1일 2식 소식을 하고, 등산, 아침체조, 근육운동 PT, 헬스 등으로 많이 움직이는 다동과 현직에 있을 때는 직장 분위기를 위해 폭음을 밥 먹듯이 하였지만, 은퇴 이후에는 1좌석 1배 주의로 한잔 술로 만족하는 절주를 실천하고 있다.

소식, 다동, 절주의 생활화가 병치레하면서 장수하는 것보다 맑은 정신으로 살다가 어느 날 편안히 세상을 떠나는 것에 많은 도움이 되기 때문이다.

이 중 특히 중요한 것이 소식이다. 음식은 현대인의 질병을 결정하는 중요한 요인 중의 하나다. 40세 이후 최대 사망 원인인 암의 40%가 부적절한 식사 때문에 생긴다는 연구결과는 시사하는 바가 크다. 과식하거나 음식을 골고루 먹지 않고 편식하게 되면 병에 취약해지기 쉽다. 소식하게 되면 먼저 위가 축소되어 소화시켜주는 능률이 개선된다. 배고픔도 사라지고 빨리 배부름을 느껴 긍정적인 사고로 살이 빠지는 부수적인 다이어트 효과도 있다.

소식은 당뇨, 비만, 고혈압 예방에 좋고, 위가 적어진 만큼 조금만 먹어도 식사 효과를 볼 수 있으며 건강하게 장수하는 데 도움을 준다. 필요 이상으로 과식을 하면 열량이 지방으로 축적되어 복부비만을 가져온다. 대사되어야 할 것들이 배설이 안 되고 독소로 변하므로 노화도 촉진된다. 맑은 정신을 유지하기 위해서도 배부르게 먹지 않아야 한다. 적게 먹는 소식은 자기 자신을 얼마나 억제할 수 있느냐에 달려 있다.

다동은 몸을 많이 움직이는 운동을 지속적으로 하는 것을 의미한다. 내가 좋아하는 등산은 가장 대표적인 다동이며 유산소운동으로 누구나 쉽게 할 수 있다. 운동량 조절이 가능하여 매주 한 번씩은 산에 오르는 것을 습관화하고 있다. 산행을 하지 않는 날에는 신문도 살 겸 동네 주위를 매일 산책한다. 이처럼 다동하면 할수록 스스로 움직임에 익숙해져서 건강유지에 도움이 된다는 것을 몸으로 느낄 수 있다.

다동의 효과로는
하나, 근육량(筋力)을 키워준다.
둘, 심폐(心肺) 기능이 좋아진다.
셋, 근육 내의 모세혈관이 수축되고 혈액순환이 좋아져서 신진대사가 촉진된다.

넷, 넘치는 열량을 태워 복부비만을 없애준다.

다섯, 정신을 맑게 하여 삶의 의욕을 높이고 자신감을 갖게
한다.

절주, 적당량의 술은 몸에 좋다. 술은 입맛도 돋우고, 혈액순
환, 심장병 예방에 도움이 되지만 과음은 해롭다. 술 때문에 자
신을 망치는 것은 물론이며 패가망신까지 당한다. 우리나라의
술 소비량은 세계최고다. 술잔 돌리기, 폭탄주 등의 음주문화
가 만연한 우리나라에서 나는 절주나 금주보다 단호하게 끊을
단(斷), 단주(斷酒)를 주장한다. 몇 년 전 가입한 '알코올중독 치
료의 모임' 카페에 기고한 나의 글을 소개한다.

"나는 절주(節酒), 금주(禁酒)보다 차라리 단주(斷酒)를 권한
다. 인생에 있어서 술만큼 좋지만 조심스러운 음식이 또 있겠
는가? 마시되 기분이 좋을 정도로 조절할 수 있다면 술처럼 좋
은 것이 없다. 정신적으로 스트레스를 해소하고 육체적으로 혈
액순환을 좋게 하며, 혈액 중의 콜레스테롤을 조절하여 동맥경
화도 예방할 수 있다. 하지만 술이 지나치면 오장육부를 모두
녹여 병이 생기게 되고 정신적으로는 자제력을 상실하여 사나
워지고 난폭하게 만들기도 한다.

인탄주, 주탄주, 주탄인(人吞酒, 酒吞酒, 酒吞人)이란 말이 있

다. '처음에는 사람이 술을 마시고, 다음에는 술이 술을 마시다가, 나중에는 술이 사람을 마시게 된다.'라는 뜻이다. 사람 중에 가장 못난 사람은 '술기운을 빌어 좌중에서 행패를 부리는 사람', 즉 '술 먹은 개, 견공(犬公)들'이라고 멸시받는 사람들이다. 술은 곡식과 누룩으로 만든 진액이기 때문에, 엄동설한에도 얼지 않는다. 이처럼 술의 대열(大熱)로 인해 과하게 마시면 이성을 잃게 되고 술의 대독(大毒) 때문에 사람의 본성을 잃게 되는 것이다.

지나치게 취하면 독이 심장 또는 간을 썩히고, 정신착란증을 일으키고, 눈도 보이지 않게 하며, 사람의 생명을 잃게 하는 원인이 된다. 건강만 믿고 폭주를 자랑하는 사람, 특히 알코올 농도가 강한 독주를 스트레이트로 마시는 분들은 장이 약해져서 새벽에 설사하는 경우가 많다. 큰일 나기 전에 술을 절제하고 위장을 보호해야 한다. 2017년 우리나라 성인 남자 1명이 매달 위스키를 반병씩 마셨다는 통계와 2000년 한 해 동안 음주로 인한 사망자는 전체 사망자 수의 9.2%에 달하는 2만 3천 명으로 조사되기도 하였다.

우리나라 음주문화도 개선되어야 한다. 잘못된 음주문화는 강제로 술 먹기를 강요하는 것에서부터 출발한다. 주량에 맞게 마실 자유를 주자. 3잔 이하 술은 혈액순환을 도와 동맥경화를 예방하는 효과가 있다. 하지만 그 이상은 곤란하다. 소주 1병 이상이면 뇌졸중의 원인이 되고 만병의 근원이 된다.

중국 춘추시대 제나라 환공(桓公)이 마련한 술자리에서 환공은 술잔을 다 비웠으나 관중(管仲)은 반만 마시고 나머지를 버렸다고 한다. 환공이 이를 보고 물었다. '그대는 술을 반잔밖에 마시지 않고 버리니, 그것이 예(禮)에 맞는 것인가?' 그러자 관중(管仲)이 이렇게 설명하였다.

'제가 들으니 술이 들어가면 혀가 나오고, 혀가 나오면 말에 실수가 있게 마련이며, 말에 실수가 있으면 몸을 버린다 하였습니다. 저는 생각하기에 몸을 버리느니 술을 버리는 것이 낫다고 보아 그렇게 한 것입니다.'

고산(孤山) 윤선도 선생도 술을 마시되 덕(德)이 없으면 난(亂)하고, 주흥을 즐기되 예(禮)를 지키지 않으면 잡(雜)되기 쉬워 술을 마실 때에는 덕과 예를 갖춰야 한다고 강조하였다. 술에 취해 난잡(亂雜)해지는 주사(酒邪)를 경계한 말이다.

그런데 우리 사회는 아직도 취중(醉中) 행동에 대해 너무 관대하다. 현대를 살아가는 우리들에게도 술을 버리는 관중(管仲)의 지혜가 필요하다."

그동안의 생활습관을 쉽게 바꾸지는 못하겠지만 무엇보다 자신의 건강을 위하는 일이므로 어떤 어려운 비법보다 "식사를 많이 하지 마라, 운동을 자주 해라, 술을 줄여라." 등의 스트레스를 받는 말을 듣기보다 본인 스스로 정신과 신체의 건강을 챙겨야 한다. 건강 때문에 자고 싶어도 못 자고, 먹고 싶어도 못 먹고, 쉬고 싶어도 쉴 수 없는 경우를 생각하여, 절제하고 감사하며 마흔이후의 인생을 아껴야 한다.

나는 담배를 끊은 지 30년이 되었다. 간헐적 단식을 시작하고부터 1좌석 1배의 절주를 선언하였으며, 1일 2식으로 복부비만 제거에 성공하여 가볍게 움직일 수 있게 되었다.

4-3

보생와사步生臥死,
걸으면 살고 누우면 죽는다

●
●
○

걷기가 재테크다. 건강해야 치료비가 적게 든다. 등산은 우리 몸에 쌓인 스트레스를 씻어내고 운동도 시켜주는 신기한 약이다.

〈운동화 신은 뇌〉의 저자이며 뇌 연구 권위자인 하버드 의대 임상정신과 교수로 재직 중인 존 레이티 교수는 "머리를 쓰지 않으면 몸이 고생한다."가 아니라 "몸을 쓰지 않으면 머리가 고생한다." 즉 "몸을 많이 써야 머리가 좋아진다."라고 하였다.

나도 초등학생 때 교장선생님이 "건강한 신체에 건강한 정신"이라는 교훈을 주셨다. 몸 건강이 정신건강에 더 많은 영향을 미친다는 것을 새삼 깨닫고 있다.

걷기 운동 중 많은 사람들이 즐기는 등산의 장점 일곱 가지를 저자 존 레이티 교수는 다음과 같이 알려준다.

하나, 심장 혈관이 튼튼해진다.

둘, 복부비만이 줄어든다.

셋, 스트레스 한계점이 높아진다.

넷, 기분이 좋아진다.

다섯, 면역체계가 강화된다.

여섯, 의욕이 강해진다.

일곱, 인간의 두뇌가 경험에 의해 변화되는 능력을 말하는 신경가소성이 촉진되어 신경퇴행성 질환을 예방한다.

최근 유행하는 보생와사(步生臥死), "걸으면 살고, 누우면 죽는다."라는 말은 누가 지었는지 모르지만 모두가 건강해져서 환자 수가 줄게 되어 의사들이 들으면 반가워하지 않을 말이다.

나는 산행 배낭을 메고 집을 나서는 순간부터 일상생활의 모든 번민을 잊어버리고, 마음의 위안을 받는다. 서울근교 산이 아닌 교통오지의 불편을 감수하고 산행을 하는 깊은 계곡, 때 묻지 않은 청정지역이 건강에 효과적이어서 더욱 좋다.

나는 한때 달리기 운동에 빠져 춘천 조선일보 마라톤 등

42.195km 풀(full)코스를 10번 완주하였다. 마라톤을 시작한 계기는 1999년 지방 근무 때부터 아내, 딸과 함께 경주에서 개최한 동아일보 마라톤 하프(half)코스에 참여하면서부터이다. 지금은 등산 마니아이지만 당시에는 열렬한 마라톤 마니아였다. 미니철인 삼종인 듀애슬론 경기를 2000년 4월 30일에 개최한 6회와 이듬해 7회, 연속 2번을 참가한 경험도 있다.

듀애슬론은 철인삼종, 즉 "아이언 맨(Iron Man)"을 의미하는 마라톤 42.195km, 사이클 180km, 수영 3.9km를 단축시켜 마라톤 10km, 사이클 40km, 수영 1.5km의 미니철인삼종을 말한다.

첫 번째 직장인 금융기관 지점장 시절에는 직원가족들과 함께 마라톤을 즐겼다. 우선 많이 뛰다보니 운동이 되기도 했으며 무엇보다 군중들과 함께 함성도 지르는 등 초등학교 다닐 때 운동회하는 기분이 들어서 좋았다. 직원들과 더 가까워지고 단합된 결속을 다지는 행사로 각종 신문사 주최 대회에도 많이 참여하였다. 문화일보에 사진과 함께 기사화되어 지역사회에 우리 지점을 알리는 데 큰 도움이 되었다. 우리 가족 4명이 함께 달리는 모습이 사보에 게재된 적도 있다. 아직도 그때 사진들이 개인 홈페이지(www.parkgilsang.com)에 보관되어 있다. 친구들도 마라톤이 개최되는 날은 우리 직원들과 함께 즐기곤 하였다. 우리 가족은 여의도 서울마라톤이나 상암동 월드컵경기장에서 출발하는 손기정 기념마라톤을 마치고 워커힐 호텔에서 맛있는 식사를 하기도 하였다.

최근에는 몸에 무리를 주지 않으려고 등산으로 바꾸었다. 그러나 아직도 10km 이하나 걷기대회는 가족과 함께 참여하곤 한다. 문화일보, 중앙일보, 동아일보, 조선일보, 손기정 기념마라톤 등의 완주기념메달이 한 바구니나 된다. 걷기의 좋은 점은 시작하면 그때부터는 온갖 잡념이 없어진다. 아울러 호연지기를 흡입하는 일거양득의 좋은 점도 있다.

내가 철인삼종, 마라톤, 등산의 마니아가 된 이유는 힘들고 어려울 때 잡념이나 다른 생각을 없앨 수 있기 때문이다. 좋은 점은 이외에도 많다. 크게는 혈액순환이 좋아지고, 비만이 개선되었으며, 수면의 질이 좋아졌다. 스트레스 해소에도 도움이 된다. 우울증, 불안감을 없애주는 등 자신감이 생겨 삶의 질도 향상된다. 정말 죽을병에서 해방시켜주는 묘약이 걷기 운동이다.

건강하려면 복부비만이 없어야 한다. 비만한 사람들은 대부분 자동차를 많이 타고 걷기를 싫어한다. 또 비만한 사람들은 많이 먹는다. 많이 걷는 민족으로 유명한 마사이족은 하루에 평균 3만 보를 걷는다. 하지만 우리나라에서는 만보기의 1만 보만 걸어도 많이 걸었다고 하는 실정이니 비교가 되지 않는다.

걷지 않으면 모든 기관들이 제 기능을 하지 못하므로 그만큼 수명이 단축된다. 걸으면 머리회전도 빨라지고 편안한 마음이 생긴다. 또 좋은 생각이 떠올라 고민도 쉽게 해결되고 대화나 문장의 어휘력도 향상된다. 철학자 칸트는 매일 규칙적으로 일정한 시간에 산책한 것으로 유명하다. 사람은 건강을 위하여 걷는다기보다 걷기 위해 사는 것인지도 모른다.

나도 걸을 때가 제일 행복하다. 호흡도 깊게 할 수 있고, 걷기 자체에 몰입하다보면 무아지경에 빠져들면서 행복해진다.

인간은 걸어야 한다. 의사들도 걷지 않으면 치매 발생 등 건강에 치명적이라고 한다. 중국의 '작은 거인' 등소평도 체력을 키우기 위하여 식사 후에는 매일 집 정원을 걸었다고 한다. 걷기는 마음만 먹으면 언제 어디서나 할 수 있는 운동이다. 소화도 잘되고, 업무의 집중도를 높일 수 있다.

세계보건기구는 '건강'을 다음과 같이 정의한다.

"건강이란 질병이 없거나 허약하지 않은 것만 말하는 것이 아니라 신체적·정신적·사회적으로 완전한 안녕의 상태에 있는 것이다(Health is a state of complete physical, mental and social wellbeing and not merely the absence of disease or infirmity)."

신체적 건강과 정신적 건강을 함께 유지할 수 있어야 균형 잡힌 건강이라고 말할 수 있다. 걷기운동은 이 두 가지 건강을 함께 유지할 수 있는 최고의 방법이다.

걷기운동은 자신의 굳은 다짐과 각오로 원칙대로 실천해야 하고, 군대의 유격훈련 정도로 조금은 무리하고 냉혹하게 실행해야 소기의 효과를 얻을 수 있다. 최고 밑바닥에서 다시 시작하는 각오로 몸을 단련시켜야 회복탄력성의 운동효과를 경험할 수 있다. 그렇게 해야만 체지방도 줄고 근육을 늘릴 수 있다.

하나, 회복탄력성(回復彈力性, resilience)이란? 실패를 도약의 발판으로 삼아 발전한다'는 뜻이며, 운동에서도 밑바닥까지 갔다가 회복한다는 의미다.

둘, 점진적 과부하 원리(progressive overload)는 점차적으로 변화를 주어야 하는 점진성과 운동자극을 계속적으로 늘려가는 과부하를 합친 개념의 운동의 기본용어이다.

셋, 목표 쪼개기(sub goal)는 운동생리학 용어로 "삶이나 공부에서도 큰 목표를 세우고 중간 중간에 중간목표점을 설정하여 하나하나 이루어 나가면 큰 목표에 접근할 수 있고, 그래서 우리의 삶도 충만해진다."라는 것이다.

이런 단어들은 신체근육을 단련하는 데 필요한 내용이며, 이중 목표 쪼개기에 대하여 좋은 사례가 있어 소개한다.

행복학 명강사 장사오형의 저서 〈느리게 더 느리게〉의 내용 중에 목표 쪼개기(sub goal)로 성공한 사례가 있다.

1984년 도쿄 국제마라톤 대회에서 전에 없던 이변이 일어났다. 야마다 혼이치라는 무명선수가 쟁쟁한 우승후보를 제치고 금메달을 거머쥔 것이다. 그는 인터뷰에서 자신의 승리비결로

'머리를 쓴 것' 때문이었다고 하였다. 하지만 당시 사람들은 그가 건방지게 허황된 소리를 늘어놓는다고 생각하였다.

마라톤은 체력과 인내력, 순간적인 폭발력과 속도 등이 중요한 종목인데, 이 모든 것을 다 제쳐놓고 머리를 쓴 것이 비결이라고 주장하는 것을 이해할 수 없었기 때문이다. 그래서 다들 그가 승리한 것이 엄청난 우연이라고 치부하였다.

2년 후, 야마다 혼이치는 이탈리아에서 열린 국제마라톤대회에서 또다시 모두의 예상을 뒤엎고 우승을 차지하였다. 모두의 이목이 그에게 집중된 순간, 그는 똑같은 말을 반복하였다.

"저는 머리를 써서 이겼습니다.

매번 대회를 치르기 전, 나는 미리 차를 타고 시합코스를 꼼꼼히 돌아봤습니다. 그리고 코스주변에 눈에 띄는 지형지물을 수첩에 모두 기록한 뒤, 각각 목표지점으로 삼았습니다.

첫 번째 목표지점은 은행, 두 번째 목표지점은 큰 나무, 그다음은 붉은색 건물 식으로, 이렇게 40킬로미터가 넘는 전체코스를 여러 개의 구간으로 세분화했습니다. 그리고 대회 당일에는 구간 하나하나를 돌파한다는 기분으로 뛰었습니다. 처음부터 결승선을 생각하고 뛰면 금방 지치기 때문에 단기적으로 달성할 수 있는 여러 개의 목표를 세운 것입니다."

나는 하사 계급을 달고 군대생활을 하면서 최전방에서 내무

반장, 5분대기조 조장, 훈련조장으로 매일 아침 6시 점호와 동시에 태권도와 국군도수체조를 지휘한 후 연병장과 도로를 달리는 구보를 인솔하였다. 그 습관 때문에 집에서도 아내와 맨손체조를 함께 하고 혼자 인근 학교운동장으로 달리러 나가곤 한다. 최근 산행 때는 등산로 입구 공터에서 준비운동으로 체조를 함께 하고 있다.

습관이 그만큼 중요함을 새삼 깨닫게 된다. 또 유산소운동인 등산은 다리운동뿐만 아니라 스틱을 이용하면서 팔근육도 단련하고 있다. 내가 좋아하는 고사성어 중에 "보약삼첩(補藥三貼)이 불여(不如) 추일등산(秋日登山)이라"는 말이 있다. "보약 세 첩 먹는 것보다 단 하루의 가을등산이 더 낫다."라는 뜻이다.

등산으로 몸이 충전되면 마음에 여유와 자신감이 생겨 마음이 급해지지 않는다고 한다. 그래서 "인자요산(仁者樂山)" 산을 좋아하면 인자해진다는 말도 있다. 운동이 아무리 좋다고 해도, 몸에 무리가 가거나 부상의 위험이 있는 것은 피하는 것이 좋다. 그런데 걷기운동은 쉽고 안전하며 언제나 할 수 있어서 좋다. 또 거실에서도 할 수 있어 비가 와도 집 안에서도 걸을 수 있어 좋다. 무조건 배낭을 메고 밖으로 나가는 습관부터 들여야 한다. 길이 있으면 어디라도 좋다. 등산이나 마라톤을 즐기는 사람들이 암에 걸렸다는 얘기를 들은 적은 많지 않았다.

과욕과 실수를 막아주는 운동효과

●
●
○

　중국 송나라의 학자 주신중(朱新仲)이 주장한 인생 오계론(人生 五計論)이 있다. 인간 삶의 다섯 가지 계획이다. 일의 생계(生計), 건강의 신계(身計), 가족의 가계(家計), 노후의 노계(老計), 죽음의 사계(死計)이다. 가장 중요한 것이 건강에 대한 신계(身計)이다. 인생의 모든 계획을 무리 없이 실행하려면 건강이 뒷받침되어야 하기 때문이다. 건강계획에는 늦고 빠름이 없다.

　운동은 우울증, 공포 등의 기분장애뿐만 아니라 주의력 결핍 과잉행동장애(ADHD), 약물중독, 임신 및 폐경기증후군, 치매 등에 이르는 각종 질병들을 예방하는 데에도 최고의 효과를 발휘한다. 미국의 한 신경과학자가 운동을 하지 않은 사람들과 유산소운동을 한 사람들을 대상으로 6개월간 비교 추적한 결과, 유산소운동을 한 사람들은 전두엽 등 대뇌가 커진 사실을 알아냈다. 6개월 동안의 뇌의 중요 부위를 바꾸어버린 것이다. 이 연구결과는 운동이 신체적 건강을 넘어 뇌 건강, 즉 인간의 학습능력과 정신건강에도 지대한 영향을 끼친다는 사실을 여실히 보여주고 있다.

나는 두 번째, 세 번째 직장을 다녔고 또 원거리를 출퇴근하느라 별도로 운동할 시간이 없었다. 그 원인으로 생긴 복부비만과 둔한 몸 상태 때문에 걱정되어 동네에서 1대1로 몸을 트레이닝 시켜주는 "운동에 빠지다"의 GYMAHOLIC—"책에 빠지다"의 bookholic이나 "일에 빠지다"의 workholic처럼 "운동에 빠지다."라는 뜻의 짐마홀릭(gymaholic)—PT 체육관에 등록하여 소기의 성과를 거두었다.

운동방법을 습득하여 훈련과정을 끝낸 후에는 집에서 아내와 함께 실습하였다. 또 식사조절을 위한 식단으로 살 빼기도 병행하여 많은 도움을 받았다. 좀 더 일찍 시작했으면 하는 아쉬움이 있었지만 늦었다고 생각할 때가 그나마 빨랐다고 자부한다. 70세에 식스 팩(six pack) 만들기 시늉을 하면서 자기위안을 하는 즐거움도 있었다.

운동에도 적당한 투자를 하는 것이 좋다. 돈이 아까워서도 계속할 수 있기 때문이다. 하지만 욕심은 부리지 말아야 한다. 혹여 몸에 무리가 와서 오히려 몸에 해로울 수도 있기 때문이다.

수업료가 아깝기도 했고, 아내와 식스 팩을 만들기로 한 약속을 지키기 위해 열심히 노력하였다. 목표로 한 회수를 채우고 보디 프로파일(body profile) 사진촬영을 하는 기쁨도 맛보았다. 내가 경험한 바로는 나이를 더 먹기 전에 나의 삶을 온전하게 지키려면 근육운동은 반드시 해야 한다는 것이다. 무언가 새로운 일을 계획하고 있다면 우선 체력부터 키워야 한다.

불안과 우울증, 치매 등 질병예방을 위해서도 운동은 반드시 필요하다. 몸이 건강하지 못하면 정신도 덩달아 망가진다. 내 경험으로는 운동도 중독성이 있어서 그런지 더 하고 싶어지며 운동 자체를 즐기게 된다.

은퇴시점에는 특히 근육운동이 필요하다. 나이가 들어서 발생하는 낙상이나 관절, 허리와 관련된 많은 질병들은 근육이 부실하여 생긴다. 근육이 약하면 힘을 쓸 수가 없다. 체지방을 빼고 근육을 키우는 운동을 해야 하는 이유가 바로 여기에 있다. 헬스장의 '30kg 감량 보장' 과대광고보다 자기 몸에 대한 공부를 철저히 하고 자신에게 맞는 운동방법을 찾으면 된다. 결론은 식사량을 줄이고, 꾸준한 유산소운동과 근육량을 키우는 운동의 생활화가 건강을 지키는 최고의 대비책이다.

중요한 것은 본인의 의지다. 항상 그림 그리듯이 열심히 한 결과를 되새기고 꾸준히 해야 한다. 일본 무사 미야모토 무사시가 검도로 수련하였다는 단(鍛; 쇠를 불에 달구어 불리다)과 련(鍊; 불에 달군 쇠를 두드리다)의 방법으로 1,000일의 연습 단(鍛)과 10,000일의 연습 련(鍊)을 반복하면 누구나 몸을 단련할 수 있다. 승리에 우연이란 없다. 이 '단련'이 있어야 비로소 승리를 기대할 수 있다. 미야모토 무사시의 이 법칙을 행하여 몸을 바꾸면 정신이 바뀌고, 정신을 바꾸면 인생도 바꿀 수 있다.

민중서관에서 발간된 〈체육학 대사전〉의 스포츠 의학으로 본 운동 효과는 "운동을 적당히 계속하면 그 운동에서 사용되는 근육이나 뼈가 잘 발달되고 체중, 흉위 등이 조절되어 체격이 좋아진다."

운동과 신체의 발육관계를 나타낸 루(W. Rou)의 법칙은 다음 세 가지로 설명된다.
하나, 적당한 운동은 몸의 발육을 촉진하고 체력을 증진시킨다.
둘, 운동 부족은 신체의 활동을 약하게 한다.
셋, 과도한 운동은 몸을 손상시킨다.

특히 젊어서는 신체의 발달이 현저하므로 특성이 다른 여러 운동을 적당히 되풀이해서 조화 있는 몸을 만들 필요가 있다.

운동을 거듭하면 근력, 순발력, 지구력, 조정력 등의 체력을 높일 수 있다. 체력이 향상되면 반복적인 연습에 의해 그 운동의 효과를 높일 수 있다. 또한 운동은 운동하는 사람의 의욕을 만족시키고 정신적 긴장이나 피로를 풀게 함으로써 기분전환이 되어 정서도 안정된다. 그룹이나 팀으로 하는 운동은 협력, 책임감, 공정 등 사회적인 매너를 몸에 익히기도 한다.

운동이 몸에 좋다는 것은 누구나 잘 알고 있는 사실이다. 하지만 운동이 왜 좋은지, 얼마나 해야 하는지는 사실 잘 알지 못하는 경우가 많다.

그러면 운동효과에 대해 알아보자.

하나, 운동은 체중증가를 방지하거나 체중을 유지, 감소하는 데 도움을 준다. 실제로 운동할 시간이 부족하면 짧은 거리는 걷거나 엘리베이터 대신 계단을 이용하면 된다. 또 식사 후에는 산책하는 등 평소에 가볍게 할 수 있는 것들부터 하는 것이 좋다.

둘, 규칙적인 운동을 하면 심장질환과 고혈압, 뇌졸중, 암 등 넓은 범위의 질병을 억제시킨다. 1회 30분에서 1시간씩 일주일에 3회 내지 5회 정도를 규칙적으로 운동하면 건강에 큰 영향을 미친다. 질병예방은 물론 현재와 미래의 건강을 위해서라도 매일 운동을 하는 것이 좋다.

셋, 스트레스가 가득한 하루, 너무나도 짜증나는 일들로 가득할 때 30분 정도의 가벼운 산책이나 조깅을 하면 큰 도움이 된다. 신체활동은 더 행복하고, 편안한 느낌으로 인도해 주는 화학물질인 엔도르핀(endorphin)이 분비되어 뇌에 자극을 준다. 또한, 정기적이고 규칙적인 운동은 체중조절 등을 통하여 자신의 외모에 대한 자신감과 자존감을 충족시켜 준다.

넷, 규칙적인 운동은 신체조직에 산소와 영양분을 더욱 효율적으로 전달한다. 이는 심장과 폐의 강화로 이어지게 되어 활력적인 에너지를 생성한다. 더욱 활기찬 에너지를 가지면서 기분 좋은 느낌을 받고 싶다면 규칙적인 운동을 해야 한다. 지치고 힘든 하루, 일어나기 싫은 아침 등 괴로웠던 일들이 점차 나아질 것이다.

다섯, 운동은 혈액순환이 활발해져 잠에 빨리 빠져들게 하고, 깊은 숙면을 취할 수 있게 한다. 다만, 취침시간이 얼마 남지 않을 때의 무리한 운동은 피하도록 한다.

여섯, 운동을 하는 과정에서 땀을 흘리면 몸 안의 노폐물이 배출된다. 이는 몸 안의 독소를 제거하고 피부개선효과는 물론 부기도 줄어들어 몸이 가벼워지는 효과가 있다.

일곱, 운동을 하면 몸이 튼튼해지고, 기분이 좋아진다는 것은 누구나 알고 있는 사실이다. 몸이 건강할수록 뇌도 유연해지고 뇌의 인지기능과 심리기능도 향상된다. 몸이 건강해지면 자연히 뇌도 저절로 건강해진다는 것이다.

마흔이후 근육운동이
반드시 필요한 이유

●

●

○

　마흔이후에는 근육이 연금보다 낫다. 노후를 대비하여 근육도 미리 저축해 두어야 한다. 나이가 들면 근육이 줄어든다. 특히 허벅지와 엉덩이, 다리근육의 하체가 튼튼해야 낙상사고와 골절을 예방하고 보행능력을 높일 수 있다.

　활기찬 중년 이후를 보내려면 신체적으로 정신적으로 건강해야 한다. 정신건강도 중요하지만 다양한 신체활동이 우선 필요하다. 몸이 튼튼해야 정신적으로도 행복해진다. 그렇지만 갑자기 심한 운동을 하면 부상을 당하기 쉽다. 특히 근육운동은 반드시 전문가와 충분히 상담하고 나에게 적합한 운동인지를 확인한 후 시작해야 한다. 근육 만들기가 쉬울 것 같아 마음대로 선택할 경우에는 정신적으로도 피로가 쌓이고 부작용이 생긴다. 가벼운 운동을 시작하여 조금씩 강도를 높여 꾸준히 하는 것이 좋다.

아무리 가벼운 운동이라도 신경을 안정시키는 호르몬 엔도르핀(endorphin)이 생긴다고 한다. 꾸준하게 운동을 하면 불안장애에 걸리지 않는다는 연구결과도 있다. 몸을 움직여 할 수 있는 어떤 운동이라도 시도해 보는 것이 좋다. 은퇴 후에는 내 마음대로 일정을 잡아 고정 스케줄을 만들어 행복한 노년을 위한 운동을 할 수 있다. 세월을 이기는 장사가 없다고 하지만 운동을 하면 튼튼한 몸과 정신을 갖추게 되어 편안한 노년이 보장된다.

걷지 못하는 상태를 불러오는 일본의 운동기 증후군(로코모티브 신드롬, Locomotive Syndrome) 예방이 붐을 일으키고 있다. 이 증후군의 자가진단 측정방법은

하나, 한 발로 서서 양말을 신지 못한다.

둘, 난간을 잡아야 계단을 오를 수 있다.

셋, 신호등이 바뀌기 전에 횡단보도를 다 건너지 못한다.

넷, 집 안에서도 자주 넘어지거나 미끄러진다.

네 가지 중 한 가지라도 해당되면 운동기증후군으로 의심해

야 한다.

　최신 운동장비가 가득한 고급 헬스장에서 젊은이들과 함께 운동하느라 주눅 들기보다는 손녀와 자전거 타기나 공원산책, 정원에서 잔디를 깎는 일, 집 안 청소 등의 일을 하는 것도 좋은 운동거리가 된다. 운동을 위한 사전준비로 정기적으로 건강 검진을 받고 각종 수치가 높으면 하고자 하는 운동에 무리가 없는지를 상담하는 것이 좋다. 그냥 나이가 많아서, 은퇴를 했기 때문이라고, 가볍게 자의적으로 판단하는 것은 금물이다. 나이가 들어도 끊임없는 호기심을 가지고 열심히 탐구하는 행복한 은퇴자가 있는가 하면, 남을 비평하거나 자신만 불행하다고 한탄만 하면서 보내는 은퇴자들도 있다.

　행복한 노후생활을 위해서는 나이에 맞는 문화탐방 등의 여행을 하거나 그동안 못했던 미술, 서예 등의 활동에 시간과 노력을 투자하는 것도 좋다. 운동계획도 부부가 함께 하면 그동안 서로가 몰랐던 공통관심사를 찾아보는 하나의 방법이 된다. 등산, 수영, 자전거타기 등으로 더욱 친밀해질 수 있다.

　은퇴 후의 운동은 누구를 이기려는 게임으로써의 운동이 아니라 순수한 운동, 즉 즐기는 운동이어야 한다. 운동을 즐김으로써 몸도 튼튼하게 유지되며 우울감에서 벗어나 기분도 좋아지며, 긍정적인 자신감을 가질 수 있다.

은퇴 이후의 운동은 근육운동과 함께 유산소운동도 함께 규칙적으로 해 주어야 한다. 그래야 혈액순환에도 도움이 되고 맑은 정신이 유지된다. 노후생활은 단조롭고 불만스러운 일도 생기기 쉬워서 기분 나쁜 표정이나 자세를 가질 경우가 많다. 그래서 일부러라도 운동할 때는 당당한 자세를 습관화시켜 몸도 덩달아 좋아지도록 노력해야 한다. 그렇게 하면 기분 나빴던 감정도 다스릴 수 있다. 은퇴시점일수록 긍정적인 사고로 명상과 운동을 해야 건강한 신체와 정신으로 행복한 노후생활을 보낼 수 있다.

시간이 없더라도 최소한 하루 30분 짧은 시간이라도 운동하는 습관을 가져야 한다. 짧게 하는 대신 운동의 강도를 높이면 운동효과로 신진대사를 향상시키고, 근육을 키울 수 있다. 근육운동과 유산소운동을 함께 해 주어야 한다. 은퇴시기에 있는 사람들은 과음과 과식을 삼가고 많이 걸어야 한다. 운동을 해야 하는 이유와 방법들은 모두 알고 있지만 실천이 문제다.

특히 소홀히 생각하는 근육운동에 대해서는 그 중요성을 인식하지 못하고 실행이 잘 이루어지지 않고 있다. 은퇴시점에는 자연히 근육량이 줄어 노력하지 않으면 대사증후군이 생길 수 있다. 그 영향으로 무릎이 아파지는데 근육량이 줄지만 몸무게는 늘고 몸무게를 받쳐주는 무릎근육이 약화되기 때문이다.

허리디스크도 같은 이유다. 근육이 줄어서 몸에 안 좋아지는 부분이 많이 생기므로 근육을 키워야 한다. 힘을 나게 하는 살, 근육을 너무 가볍게 생각하면 각종 질병이 발생할 수 있다. 하기 싫고 힘든 운동일수록 근육을 키우는 데 도움이 되는 좋은 운동일 수 있다.

우리나라 스피드 스케이트 금메달리스트 이상화 선수의 허벅지를 꿀벅지라고 한다. 얼마나 단련했으면 저 정도가 될까? 허벅지가 굵어야 혈관이 맑고 피가 깨끗해진다고 한다. 인체 근육의 3분의 2가 허벅지근육이라고 하니 많이 걸어야 한다.

힘들이지 않고 근육이 생기기를 기대할 수 없다. No pain, no gain이다. 너무 조급하게 성과를 기대하지 말아야 한다. 아픈 만큼 고통이 따른다. 근육의 최고원리인 "점진적 과부하 원리"를 항상 기억하면서 운동해야 한다. "조금씩 서서히 운동의 부하를 늘려라."는 뜻이다. 점차 무게를 늘리고 횟수도 늘려야 한다.

나도 이 원리로 6개월간 근육운동을 하였다. 처음에는 힘들어도 몸은 생각보다 잘 적응한다. 그리고 운동은 꾸준히 지속적으로 해야 한다. 갑자기 한꺼번에 몰아서 하는 것보다 하루 30분씩 조금씩이라도 빠지지 않고 해야 한다. 등산도 마찬가지지만 의도적으로 몸을 귀찮게 하고 몸을 힘들게 해야 한다.

죽을 고생을 한 후의 달콤한 휴식을 만끽하게 하는 것도 근육을 늘려주는 한 방법이다. 체지방은 사정없이 버리고 그 대신 근육량을 최대한 키우라는 것이다. 그런 다음 몸 상태를 유지ㆍ관리해야 한다. 나의 경험에 의하면 6개월 동안 1대1 개인 트레이닝을 받은 후 운동을 소홀히 하는 날이면 벌써 몸이 운동하라고 독촉한다. 이처럼 근육운동도 어느 경지에 이르면 다른 운동처럼 학습효과로 인하여 수월해진다. 그 정도가 되려면 운동이 완전히 습관화되어야 한다.

은퇴시점에 내 몸을 지키는 최고의 방법은 근육운동을 시작하는 것이다. 근육운동을 함으로써

하나, 칼로리 소모가 많아져 다이어트가 쉬워진다.

둘, 체력에 자신감이 생기며, 탄력 있는 몸매를 만들어 준다.

셋, 신체 피로감이 줄어든다.

넷, 관절이 강화되어 관절염이 예방된다.

다섯, 골밀도의 증가로 골다공증이 예방된다.

여섯, 낙상 등의 부상을 예방시켜준다.

PT 관련 책인 퍼스널 트레이닝 교본 〈프리 웨이트 근육운동 가이드〉를 구입하여 읽고 느낀 점이 많다. 운동을 시작하기 전까지는 전혀 들어보지 못했던 근육이름의 설명을 책에서 접하면서, 1대1 연습시간에 근육을 익히며 단련하기 위하여 각종 운동 자세를 연습하였다. 은퇴하는 시점에 PT를 시기적절하게 잘 선택하였고, 투자한 만큼 매우 효과적이었다고 만족해하였다.

내가 경험한 PT 훈련과정을 분석해 보면,

하나, 운동과 식습관 개선을 동시에 하는 것이 효과적이다. 그렇게 하는 것이 다이어트도 쉬워지고 근육량을 함께 증가시킬 수 있기 때문이다. 식단은 저탄수화물과 고단백질을 섭취하는 것이 많은 도움이 되었다.

둘, 전문가들은 공복 상태에서 운동하라고 권하지만, 나는 붙잡고 버티어주는 힘이 나오지 않아 식사한 후에 운동을 시작하였다.

셋, 호흡을 멈추고 짧은 시간에 강하고 많은 에너지를 이용하는 근육운동인 무산소운동을 먼저 한 다음에 지방을 태우는 시간이 오래 걸리는 걷기 등의 유산소운동을 하였다.

우리의 몸은 다양한 근육들이 지탱하고 있으며, 근육운동은 할수록 늘어나고, 하지 않으면 줄어든다. 그래서 나이를 먹을수록 가늘어지는 팔다리나 허벅지의 근육을 더욱 키워야 노년의 낙상을 방지할 수 있다. 살이 찌고 근육이 축소되면 무릎관절과 허리가 쉽게 망가지고, 비만을 불러 건강상의 문제가 발생한다. 뿐만 아니라 뼈도 함께 약해지며 통증도 빨리 오고, 면역력이 떨어져 질병에도 쉽게 노출된다.

PART 5

당신에게 필요한
다섯 번째_마음공부

"나이가 들수록 혼자 노는 것에 익숙해져라"

책은 인생이라는 험한 바다를 항해하는 데에
도움이 되도록 남들이 마련해 준 나침반이요,
망원경이요, 지도이다.

- 아놀드 베네트 -

인생후반기
독서로 삶을 바꾸다

●
●
○

　'혼자 잘살기 연구소'가 등장할 정도로 혼자 살아가는 싱글
라이프(single life)가 대세인 요즘 타인과 적당한 거리를 두고 삶
을 영위하는 방법으로 '혼독(혼자 독서하기)'에 대한 관심이 증
대되고 있다.

　고독과 외로움을 극복하는 데 책과 친해지는 것만 한 것이
없기 때문일 것이다. 언론 보도에 의하면 유럽의 경우 이미 스
웨덴, 노르웨이, 덴마크, 독일의 1인가구 비율이 50%에 달하고
우리나라도 2018년 기준으로 그 비중이 전체인구의 29.3%인

585만 가구에 이르렀다고 한다. 이런 추세라면 머지않아 일본 수준[1인가구 34.5%(2015년)]에 육박할 것으로 예측될 정도다.

상황이 이렇다 보니 2000년대 이후에 한번 뿐인 인생에서 현재를 즐기며 살자는 'YOLO(You Only Live Once)'라는 새로운 삶의 방식이 대두되기에 이르렀다. 이런 세태를 반영하듯 '혼영(혼자 영화보기), 혼밥(혼자 밥 먹기), 혼술(혼자 술 마시기), 혼 카페(혼자 카페가기), 혼전(혼자 전시회 관람하기), 혼행(나 홀로 여행)'이란 신조어들이 생겨나고 있다.

"너희는 너희의 일을 해라, 나는 나의 일을 하겠다."는 영화 「나랏말싸미」에 나오는 대사처럼 싱글라이프가 사회 전반으로 급속히 확산되고 있다.

요즘 자주 다니는 서점의 독서대는 물론이고 중고서적센터의 책상에서도 나홀로 독서에 열중하는 혼독(혼자 독서하기) 장면을 찾는 것은 그다지 어려운 일이 아니다. 1인가구 상품마케팅이 1인 경제행위를 뜻하는 '일코노미'라는 단어로 바뀌어 관련 책들의 출판이 봇물처럼 넘쳐 나고 있다.

왜 책을 읽어야 하는가?

철학자 쇼펜하우어에게 어린 제자가 물었다. "선생님, 청춘이란 몇 살이 되어야 끝이 납니까?" 이에 쇼펜하우어는 이렇게 대답했다고 한다. "더 이상 배우고 싶다는 욕망이 생기지 않을 때다."

배움에 대한 열정이 있는 사람은 늙지 않는다. 이런 사람에게는 생물학적 나이 듦이 있을 뿐 그에게는 나이는 숫자에 불과하다.

삶은 곧 공부의 과정이며 독서야말로 인생을 젊게 사는 최선의 방법이다. 열심히 독서하며 성공할 수 있다는 희망을 잃지 않으면, 기회는 반드시 오게 되어 있다.

2017년 마빈 토카이어가 저술한 〈탈무드의 지혜〉에 등장하는 세 사람의 랍비 중 힐렐(Hilel)의 인물됨과 명언을 요약 발췌한 부분을 소개한다.

그는 지금으로부터 2천여 년 전 바빌로니아에서 태어나 스무살이 되던 해 이스라엘로 되돌아갔다고 한다. 당시 이스라엘은 로마의 지배를 받고 있어 유대인의 생활은 궁핍했다. 일거리가 없어 동전 한 푼도 벌지 못했지만 배움에 대한 열정이 남달랐던 힐렐은 몰래 학교 지붕으로 올라가 굴뚝에다 귀를 대고 밤늦도록 강의를 들었다. 그러던 중 몹시 추운 겨울 어느 날 피곤에 지쳐 그만 잠이 들고 말았고 때마침 그의 몸을 덮을 정도의 눈이 내렸다.

다음 날 아침 다시 공부가 시작되었고 다른 날과는 달리 교실 안이 어두워 모두들 천장을 쳐다보게 되었고, 지붕에 난 창을 누군가가 가리고 있는 것을 발견하게 되었다.

그때부터 힐렐은 수업료를 면제받고 공부하게 되었고, 이를 계기로 유대인 학교에서 수업료가 없어지는 전통이 생겼다고 한다.

천재로서 중후하고 예의바른 인물인 힐렐은 후에 랍비 중의 랍비, 대승정(大僧正)으로 칭해졌다. 그의 수많은 언행 중 대표적인 명언으로는 "당신이 지식을 늘리지 않으면, 그것은 곧 당신의 지식이 줄어들고 있는 것과 같다. 평생토록 배워도 인간의 머리는 채워지지 않는다."이다. 그는 유대인 최고의 랍비로 가장 존경하는 인물로 꼽힌다. 누군가 나이와 가난을 핑계로 공부하지 못했다고 변명하면 유대인들은 이렇게 묻는다고 한다. "당신은 힐렐보다 가난한가?" 라고.

책을 많이 읽는 나라 5개국 미국, 영국, 프랑스, 독일, 일본과 독서량이 적은 우리나라의 국민을 비교해 보면 삶의 질 차이가 크다고 생각된다. 국민들의 수준을 업그레이드하는 최고의 방법은 독서라고 판단된다.

세계적인 위인 및 갑부들은 대부분 독서광이었으며 이들 중에는 로마제국의 사상가 보에티우스는 집정관과 최고 행정 사법관 등 요직을 맡으며 정치가로 활동하다가 반역과 신성모독 혐의로 감옥에 갔혔고, 잔인하게 처형당했다. 주요 저서인 〈철학의 위안〉은 당시 감옥에 갇혀 있을 때 집필하였다고 한다.

에이브러햄 링컨은 1809년 영국에서 일리노이 주로 이주해 온 가난한 이주민의 아들로 태어났다. 집안이 가난한 까닭에 별다른 정규 교육을 받지 못했지만 그를 사랑했던 새어머니의 후원으로 어려서부터 수많은 책을 읽으며 성장하였다. 책 한 권을 빌리기 위해 수 킬로미터 떨어진 이웃 마을까지 가야 하는 열악한 환경에서도 독서를 멈추지 않았다. 그는 주로 가게 점원으로 일했으며, 한때는 선원으로 배를 타고 미시시피 강을 따라 뉴올리언스까지 가기도 했으며 가게 점원으로 일하면서도 링컨은 늘 책을 가까이하는 성실한 청년이었다고 한다. 그는 변호사 공부에 몰두하여 불과 2년 만인 1836년, 변호사 시험에 합격한 것이라고 한다.

　〈면접의 달인〉의 일본인 작가 나카타니 아키히로는 700여 권의 책을 써 온 비결은 일에서는 물론 놀이에서조차도 배우는 자세 덕분이라고 하였다. 그는 "하찮아 보이는 잡무에서도 배울 것이 있다."고 했으며 "작은 일을 잘하는 사람에게 큰 일이 주어지며, 작은 일을 피하려는 사람에게는 영원히 작은 일만 따라 다닌다."고 말하였다.

　독서가로 유명한 나폴레옹은 9세에 입학한 프랑스 왕립 군사학교 때부터 작은 키와 사투리, 창백한 얼굴 때문에 따돌림을 당하면서 혼자 책 읽는 즐거움을 갖게 되었다고 한다. 베토

벤의 자살을 막아줬다는 책, 플루타르크 영웅전을 계기로 독서열이 불타오른 나폴레옹은 포병장교로서의 관련 책 외에도 역사, 문화, 세계지리에 관련된 책들을 섭렵하며 그때그때 발췌록을 남겼다고 한다. 방대한 지식들을 두뇌에 서랍장처럼 법, 재정, 상업, 문학 등 각종 지식을 정리해두고 다녔다고 한다.

우리나라에는 읽고 싶은 책을 외국에 유학하는 친구에게서 송달받아 외국 원서를 번역하여 읽었으며 필사로 시작하여 책 쓰기를 익혀 책을 펴낸 시골의사 박경철, 소프트뱅크 CEO 손정의 회장, 병상에서 2년 6개월 동안 3천 권의 책을 읽었다는 이랜드 그룹 박성수 회장, 독서로 책 회사를 세워 성공한 교보문고 신용호 회장 등이 있다.

공부를 위해서는 독서가 반드시 필요하다. 삶이란 곧 공부하는 과정이며, 독서야말로 인생을 젊게 사는 지름길이다.
독서는 우리들에게
첫째, 부족함을 깨우쳐주고, 삶을 헤쳐 나가는 조타수(操舵手) 역할을 한다.
둘째, 안주하는 삶보다는 용기 있게 살도록 부추기는 촉매작용을 한다.
셋째, 실패에 좌절하지 않고 오뚝이처럼 다시 일어나게 하는 회복탄력성을 가르쳐 준다.

나의 독서 편력은 정말 남다르다. 시골에서 초등학교를 마치고 아버님이 자식들 교육을 위해 도시로 이주하는 바람에 가세가 급격히 기울어 돈이 없어 선배의 헌 교과서를 물려받아 공부했던 기억이 있다.

집안 형편 때문에 상업학교에 진학했고 수업료를 면제 받기 위해 방과 후 학교 도서관에서 사서(司書) 일을 하였다. 내가 다닌 학교의 도서관은 역사가 오래된 학교답게 시내에서 제일 많은 장서량을 소장하고 있었기 때문에 읽고 싶던 책을 원 없이 읽은 기억이 난다.

방학 때는 내가 좋아했던 작가들인 헤르만 헤세, 톨스토이, 도스토예프스키, 셰익스피어의 작품과 문학, 철학전집 등 약 30권 정도를 독파하고 희열을 느낄 수 있었다. 당시 은사님으로부터 기록된 종이나 책은 절대 함부로 버리면 안 된다는 가르침을 받은 이후로 책을 항상 소중하게 다루는 버릇도 생겼다.

또한 일본도서로는 〈오싱〉, 〈대망〉, 〈불모지대〉 등에도 심취했고, 국내도서로는 황석영의 〈장길산〉, 유기수의 〈빨치산〉, 이병주의 〈산하(山河)〉, 〈관부연락선〉 등도 재미있게 읽었다. 사회 초년생이 된 이후에는 〈미국은 가짜다〉, 〈일본은 없다〉 등 재미있어 보이는 책은 보이는 대로 다독(多讀)과 남독(濫讀)을 하였다.

이런 경험이 쌓여 부족하지만 책 쓰기를 구상하는 밑거름이 된 것 같다. 하지만 한편으로는 초고를 시작으로 퇴고하는 과정을 거치면서 책 쓰기와 작가(作家)되기가 얼마나 어려운가도 실감하고 있다. 그래서 지금도 배움에 대한 갈증으로 사즉생(死卽生)의 각오로 독서하고 있으며 나름의 기준을 세우고 이를 실천하고 있다.

첫째, 하고 싶은 분야의 전문성이 있는 책을 선택하여

둘째, 다독(多讀), 남독(濫讀)이 아닌 정독(精讀)으로

셋째, 1인 크리에이터 사업과 강의를 목표로 전문성이 몸에 익숙해질 때까지 꾸준히 한다.

5-2

독서로 인해 인간의 뇌는 100세까지 성장한다

●

●

○

　인생 후반기의 독서가 진짜 독서이며 이때부터 하는 독서는 부(富)도 얻을 수 있다. 40대 이후의 책 읽기는 진학이나 취업을 위한 독서가 아닌 삶을 위한 진짜 독서이기 때문이다. 짧은 직장생활보다 인생은 길고 험난하다.

　20~30대의 독서는 단지 연습에 불과하다면 40대 이후의 독서는 메인이벤트(main event)로 인생 후반기를 찬란하게 변화시킬 수 있다. 책을 통해 습득한 지혜로 현실을 바꿀 수도 있으므로 배움을 멈추지 말고 역전에 도전해 보자. 독서는 뇌 활동

을 증진시키고 치매도 예방한다고 하니 이보다 더 좋은 성공 방법이 어디 있으며 건강 예방법이 어디 있겠는가?

우리 역사의 위대한 선현들도 이러한 독서의 묘미에 빠져 삶을 풍요롭게 하였다. 세종대왕은 눈병으로 고생을 하면서도 한글창제연구를 멈추지 않았고, 책 읽기를 너무 좋아한 공부벌 레였던 그는 아파 누워서도 책을 읽고 한 번 잡은 책은 백 번 읽고 백 번 쓰는 백독백습(百讀百習)을 하였다. 이해가 안 되는 구절은 그냥 넘어가지 못하고 반복하여 읽고 썼다고 한다.

'금신전선상유십이(今臣戰船尙有十二)'의 유명한 문장과 사즉 생(死卽生), 생즉사(生卽死)의 죽기를 각오한 애국심을 몸소 실 천한 이순신 장군은 물론이고 안중근 의사도 둘째가라면 서러 워할 독서광이었다. 사형집행 당일에도 마지막 책을 보고자, 시간을 몇 분 더 부탁하면서 "하루라도 책을 읽지 않으면 입안 에 가시가 돋는다."라는 '일일부독서 구중생형극(一日不讀書 口 中生荊棘)'이라는 유명한 서예를 남겼다. 우리나라 국민들의 독 서량이 선진 5개국 미국, 영국, 프랑스, 독일, 일본에 절대 미치 지 못함을 미리 예견하고 강조한 말씀으로 들려 송구하다.

40대에 공부를 시작하여 인생을 역전시킨 대표적인 인물로 중국의 공손홍(公孫弘)이라는 사람이 있다. 그는 한(漢)나라의 옥리로 있다가 쫓겨나 시골에서 돼지를 키우며 하루하루 생계를 꾸려나갔지만 학문에 뜻을 두고 『춘추잡설(春秋雜說)』을 독학하였다. 박사(博士)가 되고 조정에 들어가 76세에 승상의 지위에 오른 인물이다.

또 증권거래소 직원이었던 폴 고갱도 43세부터 시작, 유명한 화가가 되어 현대 미술에 많은 영향을 끼친 인물로 거듭난 사례다. 정신분석학자인 지그문트 프로이트는 심리학 공부를 시작한 때가 40세부터였다고 하니 40세 나이가 역전을 준비하기에 좋은 시기인 것은 분명한 것 같다.

나 또한 40대에 공부가 하고 싶어, 방송통신대학 5년, 대학원 석사과정 3년, 해외지점 진출을 위한 영어공부 2년 등 치열하게 공부한 경험이 있다. 비록 목표했던 모든 것을 이루었다고는 할 수 없지만 그때 접했던 많은 책들이 지금도 나의 삶에 직·간접적으로 영향을 주고 있다.

여러분이 참고할 수 있도록 나의 독서 방법을 소개한다.

하나, 책을 선택할 때와 처음 읽기 시작할 때는 머리말과 목차부터 읽는다.

둘, 중요 내용이나 감명 받은 부분을 밑줄을 긋고 메모도 하면서 읽는다.

셋, 먼저 큰 흐름의 내용에 집중한다.

넷, 세부내용은 나중에 읽는다.

다섯, 마지막으로 이해될 때까지 반복해서 읽는다.

우리가 바라는 부자는 '태어나는 것이 아니고 만들어진다'는 것이다. 성공하는 습관이 성공할 수 있게 해 주고, 실패하는 습관은 실패를 계속 반복하게 만들기 때문에 가난에서 벗어나지 못한다고 한다. 독서하는 습관도 이와 관계가 있다.

그동안 뇌 기능은 타고나기 때문에 한번 미숙한 아이는 영원히 머리가 좋아지지 않는다고 과학적으로 받아들여졌다. 이것은 사실이 아니다. 공부는 하면 할수록 머리가 좋아진다는 사실이 구체적인 사례와 과학적 근거로 입증이 된 진실이다. 공부를 하지 않아서 잘 못하는 것이지 머리가 나빠서가 아님에도 '공부를 하지 않는 악순환'으로 머리가 나쁘다는 말을 듣게 된다. 독서를 하지 않으니 독서능력도 떨어질 수밖에 없다.

또 대부분 사람들은 배움에는 때가 있어서 '나이를 먹으면 공부할 수 없다'고 생각한다. 노화가 진행될수록 뇌도 기능이 떨어져서 효과적으로 공부할 수 없다고 지레 포기하는 것이다. 하지만 이는 뇌 과학적으로는 오히려 정반대라고 한다.

뇌는 쓰면 쓸수록 스스로 기능이 향상된다고 한다. 게다가 뇌는 우리의 모든 신체 부위 중 가장 늦게 노화가 진행되는 부위라고 한다. 나이가 들면 머릿속 지식이 많아져 예전의 기억을 빠르게 떠올리는 데에 시간이 조금 더 걸릴 뿐 오히려 풍부한 지식과 지혜를 담고 있기 때문에 더욱더 깊이 공부에 몰입할 수 있다는 것이다.

최근 영국작가 매리언 울프의 〈다시 책으로〉라는 '책 읽는 뇌'에 관한 도서가 세계적으로 큰 반향을 불러일으키고 있다. 책 내용은 현대인들의 디지털 기기를 이용한 뇌사용의 변화에 관련한 내용이다. 인류최고의 발명품인 독서의 이점이 상실될 위기에 처해 있다는 경종을 울리고 있다. 인류가 그동안 이루어 놓은 유구한 역사와 문화에 대한 자료와 과학들에 어떠한 영향을 미칠 것인가에 대한 내용들이다.

학생들이 책을 멀리하고 디지털 기기에만 빠지게 되어 이해력이 점점 낮아지고 있는 실정임을 알려주는 책이다. 나 역시 스스로 책을 좀 읽는다고 생각하였지만 나도 모르게 두꺼운 책이나 긴 문장들은 싫어하는 버릇이 생겼다.

디지털 기기를 이용한 읽기는 이제 시대의 조류임은 어쩔 수 없는 실정이다. 그리고 디지털의 장점도 분명히 있다. 그러나 디지털 세계가 후세 인류들에게 독서를 사라지게 할 위험이 있다는 것이다.

저자 매리언 울프는 이러한 환경에서라도 독서하는 습관과 능력을 되찾기 위한 노력을 기울여야 한다는 주장이다. 저자는 우리들에게 논리적이고 비판적인 사고가 가능하게 하며 참된 진리를 추구하는 능력을 키울 수 있는 길이 독서라는 점을 일깨워 주고 있다.

흔들리지 않는 마흔이후를 위한 필독서 130

●

●

○

"펜이 칼보다 강하다(The pen is mightier than the sword)."라는 서양속담과 같이 책 등 서적의 정보 전달이 창과 칼의 폭력보다 사람들에게 영향력이 있다. 이 절에는 내가 읽고 많은 도움을 받았거나, 앞으로 읽을 계획으로 구입한 도서 목록을 분야별로 130권을 소개한다. 꾸준한 독서로 뇌를 움직여 사색을 하고, 손을 움직여 기록을 하고, 몸(발)을 움직여 행동으로 옮기면 행복한 인생을 이루게 될 것이다.

첫째, 처세 분야(30권)

- 캐서린 A. 샌더슨의 〈생각이 바뀌는 순간〉
- 구본형의 〈익숙한 것과의 결별〉
- 데일 카네기의 〈카네기 인간관계론〉
- 나폴레온 힐의 〈생각하라! 그러면 부자가 되리라〉, 〈성공의 법칙〉
- 최영환의 〈내 인생을 바꿀 책속의 명언300〉
- 츠샤오환의 〈느리게 더 느리게 1, 2권〉
- 이노우에 히로유키의 〈배움을 돈으로 바꾸는 기술〉
- 롭 무어의 〈결단〉
- 사꾸라기 다께후루의 〈두둑한 배짱 활기찬 인생〉
- 엘리자베스 퀴블러 로스의 〈인생수업〉, 〈상실수업〉
- 드니 르보의 〈생각정리의 기술〉
- 군터 카르스텐의 〈기억력, 공부의 기술을 완성하다〉
- 이철환의 〈연탄길 1, 2, 3〉
- 이민규의 〈끌리는 사람은 1%가 다르다〉
- 조 비테일와 이하레아카라 휴 렌의 〈호오포노포노의 비밀〉
- 오오누키 에미코의 〈죽으라면 죽으리라〉
- 정주영의 〈시련은 있어도 실패는 없다〉
- 사이토 다카시의 〈독서력〉
- 모티머 J 애들러의 〈독서의 기술〉

- 리처드 브랜슨의 〈내가 상상하면 현실이 된다〉
- 요코우치 유이치로와 고토 하야토의 〈열정이 운명을 이긴다〉
- 베르너 티키 쿠스텐마허의 〈단순하게 살아라〉
- 매리언 울프의 〈다시 책으로〉, 〈책 읽는 뇌〉
- 팀 페리스의 〈타이탄의 도구들〉

둘째, 자존감 목표 분야(12권)

- 이지성의 〈꿈꾸는 다락방 1, 2〉, 〈리딩으로 리드하라〉, 〈스물일곱 이건희처럼〉
- 김기남의 〈하루 1시간 인맥관리〉
- 홍사중의 〈리더와 보스〉
- 프랑수아 를로르의 〈꾸뻬씨의 행복여행〉
- 장영희의 〈살아온 기적 살아갈 기적〉
- 공병호의 〈명품 인생을 만드는 10년 법칙〉
- 강현구의 〈가슴 뛰는 삶〉
- 에바 일루즈의 〈오프라 윈프리, 위대한 인생〉
- 리처드 바크의 〈갈매기의 꿈〉

셋째, 명상, 힐링 행복 분야(8권)

- 데일 카네기의 〈카네기 행복론〉
- 이시형 박사의 〈배짱으로 삽시다〉
- 김상운의 〈왓칭: 신이 부리는 요술〉
- 박용후의 〈관점을 디자인하라〉
- 카롤 비테 주니어의 〈공부의 즐거움〉
- 윈스턴 처칠의 〈처칠, 나의 청춘기〉
- 마하리시 요기의 〈초월명상〉
- 나단의 〈공부의 품격〉

넷째, 재테크 경제상식 분야(17권)

- 나심 니콜라스 탈레브의 〈행운에 속지 마라〉
- 이영권의 〈부자가족으로 가는 미래설계〉
- 월러스 D 와틀즈의 〈부를 끌어당기는 절대법칙〉
- 버렌든 버처드의 〈백만장자 메신저〉
- 홍춘욱과 박종훈의 〈밀레니얼 이코노미〉
- 장문정의 〈팔지 마라 사게 하라〉
- 전기보의 〈은퇴 후, 40년 어떻게 살 것인가〉
- 이타쿠라 유이치로의 〈부자가 되지 못하는 40가지 함정〉

- 알리스 스페셜 에디션의 〈마케팅 불변의 법칙〉
- 리처드 탈러케스의 〈넛지: 똑똑한 선택을 이끄는 힘〉
- 로버트 C 앨런의 〈세계경제사〉
- 유발 하리리의 〈사피엔스〉
- 제레드 다이아몬드의 〈총, 균, 쇠〉
- 크리스토퍼 메이어의 〈100배 주식〉
- 브라이언 트레이시의 〈백만장자 코드〉
- 박경철의 〈시골의사 박경철의 자기혁명〉
- 데이브 램지의 〈7가지 부의 불변의 법칙〉

다섯째, 철학, 사회, 예술, 스피치 & 커뮤니케이션, 운동 분야(27권)

- 강래경의 〈대한민국에서 강사로 산다는 것〉
- 김태현의 〈세상의 통찰. 철학자들의 명언 500〉
- 한정주의 〈조선 지식인의 글쓰기 노트〉
- 김원곤의 〈중년의 몸만들기〉
- 한근태의 〈몸이 먼저다〉
- 이상원의 〈몸이 전부다〉
- 구본형 외 15인의 〈생활 속의 명상〉
- 류시화의 〈새는 날아가면서 뒤돌아보지 않는다〉

- 레리 필립스의 〈헤밍웨이의 글쓰기〉
- 복주환의 〈생각정리 스피치〉, 〈생각정리 스킬〉, 〈생각정리 기획력〉
- 김미경의 〈아트 스피치〉
- 바바라 민토의 〈논리의 기술〉
- 박신영의 〈기획의 정석〉
- 배상복의 〈글쓰기 정석〉
- 이혁백의 〈하루 1시간, 책 쓰기의 힘〉
- 쇼펜하우어의 〈쇼펜하우어의 문장론〉
- 아리스토텔레스의 〈아리스토텔레스 수사학〉
- 조관일의 〈비서처럼 하라〉
- 아서 밀러의 〈아인슈타인, 피카소〉
- 마이클 화이트의 〈최초의 과학자, 레오나르도 다 빈치〉
- 플라톤의 〈프로타고라스〉
- 리처드 루빈스타인의 〈아리스토텔레스의 아이들〉
- 다치바나 다카시의 〈나는 이런 책을 읽어왔다〉
- 파사 보스의 〈전략의 기술〉
- 짐 콜린스의 〈좋은 기업을 넘어 위대한 기업으로〉

여섯째, 문학, 역사, 여행 분야(36권)

- 찰스 필립스의 〈역사를 바꾼 50인의 지도자〉

- 가토 요코의 〈그럼에도 일본은 전쟁을 선택했다〉
- 단국대학교출판부의 〈근대 일본의 전쟁과 전쟁영웅〉
- 김세진의 〈요시다 쇼인 시대를 반역하다〉
- 우리미래역사체험학습 강사진의 〈이야기 일본사〉
- 김희영의 〈이야기 중국사〉
- 요한 볼프강 폰 괴테의 〈이탈리아 기행 1, 2〉
- 최인호의 〈상도 1~5〉
- 이순신 장군의 〈난중일기〉
- 류성룡의 〈징비록〉
- 김무상의 〈미국은 가짜다〉
- 전여옥의 〈일본은 없다〉
- 오긍의 〈정관정요〉
- 존 세이드와 로제르 아눈의 〈로마인의 삶〉
- 요시다 유타카의 〈아시아 태평양 전쟁〉
- 후쿠자와 유키지의 〈후쿠자와 유키치 자서전〉
- 사마천의 〈사기열전〉
- 마쥔의 〈손자병법 교양강의〉
- 이문열의 〈삼국지 1~10〉
- 설민석의 〈조선왕조실록〉
- 모리야 히로시의 〈남자의 후반생〉, 〈세상을 살아가는 중국인의 80가지 지혜〉

5-4
여행은 호기심을 충족하는 최고의 도구이다

- ●
- ●
- ○

이제는 떠나야 할 때다. 은퇴를 기다린 이유도 호기심을 충족할 수 있는 여행을 떠날 절호의 기회이기 때문이다. 이를 통해 미처 파악하지 못한 자신의 모습도 돌아볼 수 있다. 책으로만 보던 위대한 작가의 나라들을 돌아보고, 그들의 발자취를 느끼며 감동의 순간들을 받아들이는 선물을 받을 수 있다. 여행은 다닐 때도 즐겁지만 다녀와서도 당시의 사진을 보면서 그곳을 머릿속에 떠올리며 추억에 잠겨보는 쏠쏠한 재미도 제공한다.

"당신이 사랑하지 않는 사람과는 절대 여행을 떠나
지 마라."

_미국 소설가 어니스트 헤밍웨이

헤밍웨이의 말처럼 같은 음식을 먹고, 같은 곳에서 잠을 자
는 등 함께 해야 하므로 소통이 원활한 사람과 같이 가야 즐거
운 여행이 된다.

어느 잡지 기사에서 모자(母子)가 함께 여행을 다녀온 후 "이
놈아 이번 여행에서는 너와 싸운 기억밖에 없다."라고 기술한
내용을 본 적이 있다. 이 기사에서도 알 수 있듯이 경치를 보는
것도 의미가 있겠지만 시작부터 끝까지 함께 여행하는 동반자
들과의 믿음이 무엇보다 중요하다. 그런 점에서 우리 부부는
본격적으로 여행을 시작한 지난 2000년부터 약 20년간 해외여
행을 다니면서 서로 배려해 주며 화합하면서 여행의 즐거움을
만끽하고 있다.
　그런데 세계적으로 관광객 숫자의 증가로 캄보디아 앙코르
와트 사원은 3층 보존을 위하여 관람 인원수를 제한하고 있으
며, 페루 마추픽추는 관광지 보호를 위하여 시간과 코스에 따
라 수용인원을 차등운용한다는 것이다. 스페인의 알함브라 궁
전도 문화재 보호를 위해 하루에 관광객 입장을 7,600명으로
제한하고 있다. 이탈리아의 베네치아의 산마르코 광장도 가라

앉고 있으므로 빨리 다녀오라는 이야기를 들은 적이 있다.

이처럼 가고 싶어도 정작 관람이 제한되어 갈 수 없는 상황이 올 수도 있다는 사실을 잊지 말자. 더 늦기 전에 떠나야 한다. 바로 지금이 떠날 때다.

중국에 이런 속담이 있다. "기적은 하늘을 날거나 바다 위를 걷는 것이 아니라, 땅에서 걸어 다니는 것이다."

100세 장수시대에 여행은 필수다. 은퇴를 한 이후에 세상에서 가장 가슴 설레며 짜릿한 긴장감을 느끼게 하는 것이 '여행'이기 때문이다.

월트 디즈니(Walt Disney)가 말한 "시작하는 방법은 그만 말하고, 이제 행동을 합시다(The way to get started is to quit talking and begin doing)."처럼 나는 여행계획이 어떻게 시작되었든 정해지면 바로 출발한다.

나의 여행이력은 그야말로 다양하고 풍부하다. 가까운 친구 부부 20명과 모임을 결성하고 북유럽은 물론이고 터키, 그리스, 이집트, 서유럽, 동유럽, 미국서부, 러시아 모스크바 상트 페테르부르크, 중국 북경, 소림사, 베트남, 일본 등을 다녀왔다. 중학교 선후배 모임에서 장가계, 원가계를, 대학원 등산 동아리모임에서 황산도 여행하였다. 친구들 몇 명과 중국 계림 2회, 호주, 뉴질랜드, 블라디보스토크, 하바롭스크까지 다녀왔으니 5대양 6대주를 제법 많이 돌아다닌 것 같다. 그래도 아직 나는 목마르고 여행에 대한 갈증이 난다.

선배와 단둘이 대마도를 여행하기도 하였다. DBS 크루즈 페리로 우리나라 동해에서 일본의 사카이 미나토를 다녀왔으며, 뱃멀미는 물론 풍랑으로 배가 출항하지 못해 그곳에 체류해야 할 우려 때문에 블라디보스토크까지 DBS 크루즈 페리로 계획하였다가 친구를 통해 양양공항에서 출발하는 상품이 여름휴가 기간 중 한시적으로 운영된다는 사실을 알고 양양공항에서 비행기를 이용 블라디보스토크를 경유하여 하바롭스크로 다녀온 적도 있다.

이처럼 내가 여행을 좋아하는 이유는 첫째 직장을 퇴직하고도 반복되는 규칙적인 생활에서 벗어나는 '일상탈출(日常脫出)'로 하던 일을 내려놓고 다닐 수 있기 때문이다.

여행하는 작가 무라카미 하루키는 "여행지에서 모든 일이 잘 풀리면 그것은 여행이 아니다."라고 말하였다.

나도 하루키처럼 여행 작가를 꿈꾼다. 그래서 여행 중에는 항상 수첩과 펜을 들고 다닌다. 가끔 가이드가 나에게 하는 일이 뭐냐고 질문할 정도로 열심히 사진도 찍고 메모한다. 스마트폰에 메모기능이 있지만 습관이 그렇게 길들여져 있지 않은 이유도 있다. 외국에서는 와이파이(WiFi) 기능이 좋지 않아 작동이 안 되는 경우가 많아 수첩과 펜을 더 많이 사용한다. 필요할 경우 사진으로 찍어서 기억하기도 한다. 나의 여행 '삼우(三友)'는 수첩, 펜, 스마트폰이다. 이중 하나라도 호주머니나 손에서 이탈되면 허전해서 금방 준비가 되어야만 안심이 될 정도다.

실제로 수첩에 기록된 내용들은 시간이 없어 정리가 안 된 상태로 알아볼 수 없게 써졌어도 그 순간의 상황이 실감나게 떠올라 후에 즐거움을 선사한다. 바로바로 정리는 못하지만 잠자리에서 스마트폰 사진정리를 하면서 수첩에 보충하고 수정이 필요한 부분은 간단하게라도 기록한다.

5-5

마흔이후에 꼭 필요한
진정한 나찾기 연습

●

●

○

프리드리히 니체가 말하였다.

"지구 구석구석에는 기다리는 사람들로 가득하다. 자신이 마냥 기다리고 있다는 사실을 대부분은 모르며, 그 기다림이 헛수고라는 사실을 모르는 사람들이 훨씬 많다. 간혹 이들이 미명에서 깨어나는 경우도 있지만 사람들을 실제로 행동에 나서도록 해 주는 사건은 너무 뒤늦게 찾아온다. 가만히 앉아서 기다리기만 하다가는 왕성하던 젊음과 기운이 다 사라져 버린다. 그래서 많은 이들이 뛰어올라야 하는 그 순간 팔다리는 감각을 잃고 영혼은 너무 둔해졌다는 사실을 깨닫는다. 스스로에 대한 믿음을 잃어 영영 쓸모없는 존재가 돼버린 그들은 혼자 중얼거린다. '너무 늦어버렸어'라고."

여행의 원래 목적은 마음의 평안과 안식이다. 목적을 달성하려면 마음자세부터 소박하고, 겸손한 자세로 바뀌어야 한다. 단순한 삶을 추구하며 많이 비우고, 내려놓아야 한다. 곳곳에 산재한 인간들의 지혜로움을 보고 배워야 한다. 현재의 역사가 지나온 과거 역사들의 집적이라면 지금 우리가 떠나는 여행은 그 나라의 현재와 과거를 조망할 수 있는 기회이다. 그만큼 여행은 우리들의 지식의 깊이를 성숙하게 하는 토양을 제공한다.

프르츠 쿤켈은 "성숙하다는 것은 다가오는 모든 생생한 위기를 피하지 않고 마주하는 것을 의미한다."라고 하였다.

모든 여행은 힘들기 마련이고 힘들지 않으면 그것은 진정한 여행이라고 할 수 없다. 세상에는 안 되는 여행과 좋지 않은 여행이란 없다. 여행이란 영어단어 'travel'도 '고생하다(travail)'에서 시작된 것이라고 한다. 어쩌면 여행은 돈 들여 자신을 힘들게 하는 일인지도 모르겠다. 그러나 그러한 고생을 통해서 우리의 삶을 풍성하게 충만해질 수 있다.

인류 삶에는 오래전부터 다양한 형태의 여행이 녹아 있다.

인간의 역사도 여행을 통해서 발전해 왔다고 해도 과언이 아니다. 탐험가들의 신대륙 발견도 특별한 여행이었다. 때 묻지 않고 문명의 손길이 닿지 않은 미지의 땅에서 미소를 잃지 않고 행복하게 살아가는 사람들을 보노라면 나는 과연 어떤 파랑새를 쫓아 살아온 존재였는지 뒤돌아보게 된다.

외국에서 만나는 그곳 식당종업원, 호텔에서 우연히 마주친 사람들과의 대화는 처음이자 마지막인 경우가 대부분이지만 그들을 통해서 새로운 나 자신을 찾을 수 있기 때문이다. 낯선 곳을 마주하는 용기를 주저하지 말아야 한다. 책이나 영화 등을 통해 미리 준비하고 여행지에 가서도 쑥스러워하거나 머뭇거리지 말고 함께 식사하고, 술도 마시며, 각종 이벤트에 참여하여 즐기는 것도 좋은 방법이 될 수 있다.

언제 떠나는 것이 좋을까? 당장 맡겨진 일도 없고, 수입원을 만들어야 할 부담이 없는 은퇴시점이 가장 최적의 시기다. 은퇴시점은 인생 2막을 위한 새로운 영역을 모색할 절호의 타이밍이기 때문이다.

인생을 짧고 다양하게 즐길 수 있는 것은 여행만한 것도 없다. 건강과 돈, 시간만 허락하면 조그마한 이유들은 거두절미하고, 숨겨진 나를 찾으러 과감히 떠나자.

그리고 여가 취미생활을 위해서도 여행만한 것이 없다. 계획을 세우는 것만으로도 취미가 되고 여행 중 보고, 듣고, 먹는 일상이 여가생활의 연속이 될 수 있다.

은퇴 즈음한 여행의 목적은 진정한 나를 찾는 데 있다. 나는 과연 이 지구상에서 어떤 존재일까. 제1막을 마무리해야 할 시점에서 여행은 제2막 인생을 어떻게 출발할 것인지 설계하고 다질 수 있는 소중한 사색의 시간을 제공해 준다.

여행은 이성이나 논리로는 설명되지 않는다. 길을 걸으며 자연의 위대함을 느낄 수 있고, 때론 자유의지를 갖춘 인간들을 만날 수도 있다. 길 위에서 만나는 다양한 낯선 경치와 사람들의 표정을 접하면서 삶의 범위를 넓혀가는 재미도 느낄 수 있다.

여행은 구도(求道)일 수도 있고, 휴식일 수도 있다. 일상에서 탈출하고 싶은 욕망이며 새로운 것을 만나는 즐거움과 탐방일 수도 있다. 또 다른 이질적인 문화에 대한 동경이며, 즐거운 순례의 길이기도 하다.

여행은 그곳 사람들을 만나는 소중한 기회이며, 새로운 것과의 대화이다. 여행에는 미지에 대한 호기심을 충족시켜줄 수 있는 이야깃거리로 가득한 세상과의 만남을 기다리는 설렘이 있다. 때론 지치기도 하지만 길 위에는 여전히 감사와 감동, 배움, 만남이 있어서 좋다. 발로 하는 독서이며 길 위의 학교로서 배우러 가는 것이다.

여행은 많은 것을 가르쳐주는 스승이다. 미래를 향한 도전이

가슴을 떨리게 하고, 삶을 지루하지 않게 변화시킨다. 자연과 문화, 모험을 탐구하는 것이 여행이다. 또한 여행은 진정한 삶이 어떤 것인지를 알게 해 주고 자연의 위대함과 인간의 자유 의지를 깨닫게 해 준다. 나아가 보다 성숙된 자신을 찾는 방법도 알려준다. 보다 넓은 세계에서 진정한 영혼의 자유를 얻게 해 준다. 더불어 그때그때 역경과 고난을 헤쳐 나가는 것도 여행의 즐거움에 한몫을 한다.

요즘 나이 드신 분들이 죽기 전에 해야 할 일 목록인 버킷리스트(Bucket list)의 하나는 세계적으로 이름난 트래킹 코스를 등산을 겸하여 떠나는 여행이다. 나도 칠순을 맞아 선배들과 인류 최고(最古)의 교역로인 차마고도(茶馬古道) 트래킹을 재작년부터 계획하고 작년에 비로소 실천하였다. 차마고도 트래킹은 중국 운남성과 사천성의 차와 티벳의 말을 교환하는 길로서, 뉴질랜드 밀포드와 페루 마추픽추 잉카 트래킹코스와 함께 영국 BBC가 선정한 세계 3대 트래킹코스의 하나이다. 죽은 후에는 신선세계에 도달하게 해 준다는 은빛용의 모습 옥룡설산(玉龍雪山)과 호랑이가 뛰어 넘을 만큼 폭이 좁은 협곡이라는 호도협(虎跳峽)도 함께 걸었다. 고산증이 염려되어 국내에서 8번에 걸친 훈련과 현지에서 낮은 곳에서 순차적으로 높은 곳으로 적응하였기에 마침내 고산증을 피하면서 고도 4,260m를 성공적으로 마칠 수 있었다.

PART 6

마흔이후,
리라이어^{Retire}가 아닌
리스타트^{Restart}

도전은 우리로 하여금 새로운 무게중심을 찾게 하는
선물입니다. 맞서 싸우지 마세요.
그저 중심을 잡을 수 있는 다른 방법을 찾아보세요.

- 오프라 윈프리 -

세상은 당신에게
별로 관심이 없다

●

●

○

　누구나 현직에서 은퇴할 나이가 되면 행복한 노후를 꿈꾼다. 우리 사회가 개인의 노후복지를 위해 국민연금, 의료보험 등 많은 제도를 시행하고 있으나 이는 어디까지나 최소한의 실업, 빈곤, 재해, 노령, 질병 등의 사회적 위험으로부터 보호하기 위한 제도적 장치를 의미하는 사회 안전망에 불과하다. 세상 사람들은 인생의 가을에 들어선 은퇴계층의 노후에는 별로 관심이 없을 뿐만 아니라 알고 싶어 하지도 않는다.

그러니 은퇴준비는 누구도 아닌 내가 직접 챙기고 노후자금 또한 내가 준비해야 한다. 다른 사람들은 관심이 없을지 몰라도 은퇴하는 본인에게는 무엇보다 중요한 문제다.

암으로 고생하다 돌아가신 친한 친구의 부친은 미리 가입해둔 암보험으로 치료비는 물론 장례비용까지 도움을 받았다는 이야기를 들은 적이 있다. 최근에 가까운 친척도 아는 보험설계사의 강권에 못 이겨 보험을 들게 되었는데, 불입한 지 5개월도 안 되어 위암 진단을 받았다고 한다. 초기이지만 췌장에 가까운 위치라 위 모두를 절제하는 수술을 받았지만 수술비, 치료비를 모두 보험으로 충당했다는 이야기를 들었다.

그 이야기를 들은 나도 자녀들과 상의하여 암보험은 물론 고혈압 약을 복용하는 사람은 가입자격이 없다고 해서 고액 부담의 실손 보험까지 가입하였다. 이처럼 나와 자녀들이 고생하지 않도록 대비하는 일은 남들이 해 줄 수 없다.

점점 길어지는 노후를 위해 반드시 치료 간병비가 필요하다. 누구나 자녀에게 경제적 부담과 정신적 고통을 물려주고 싶은 사람은 없다. 부모의 의료비 때문에 고생한 경험이 있는 사람들은 더욱 그러한 어려움을 자녀에게 물려주고 싶지 않을 것이다. 미리 충분한 노후 의료비와 간병비를 준비하여 행복한 가정경제가 이루어지도록 하라는 것이다.

인간의 기대수명이 120세를 향해 나아가고 있다. 의료기술의 발달로 100세 시대가 현실로 다가왔다.

길어진 수명만큼 의료비 부담도 그만큼 커졌다. 중증 질환 완치율이 높아지면서 치료비가 증가하고 있다. 통계에 따르면 우리나라 암 환자의 5년 생존율은 80%를 넘어섰고, 뇌졸중으로 인한 평균 진료비도 증가 추세에 있다고 한다.

이에 따라 의료비 부담으로 인하여 가계가 점점 더 어려워지고 있다는 것이다. 본인 또는 배우자의 중증질환으로 지출하는 치료 간병비도 증가하고 있다. 가계소득의 가장 큰 감소 사유가 간병으로 인한 배우자나 자녀의 휴직, 퇴직 때문인 것으로 나타났다. 환자는 환자대로 투병의 고통을 받고, 가족은 치료 간병에 대한 부담을 지게 된다.

부부가 매월 200만 원 정도가 있어야 기본적인 의식주 해결과 일상생활이 가능하다고 한다. 국민연금과 퇴직연금으로 월 100만 원 정도 준비한다고 가정하면 나머지 100만 원은 다른 방법으로 마련해야 한다. 그러면 나는 과연 준비가 되었는가?

은퇴준비에 따라 삶의 질이 달라질 수밖에 없다. 은퇴 이후의 노후는 결코 쉽게 생각할 문제가 아니다. 보통 30세에 경제활동을 시작해서 60세에 정년을 맞아 100세까지 산다면, 30년 벌어서 은퇴 후 40년을 소득 없이 살아야 한다는 것이다. 은퇴를 해도 당연히 돈은 필요하다.

평균수명 100세 시대를 맞아 누구나 은퇴 이후를 어떻게 살아갈지 고민하는 시대가 되었다.

은퇴준비는 어떻게 할 것인가?

누구나 궁핍하지 않고 여유롭게 살기를 바란다. 그래서 은퇴 이후에 연금이 필요하다. 그러나 연금이 있다고 해서 노후가 완전히 보장되는 것은 아니다. 은퇴 이후에도 40년을 더 살아야 하기 때문에 마냥 쉬면서 보내기에는 한계가 있다.

은퇴 이후 노후자금은 얼마나 있어야 할까?

국민연금연구원의 자료에 따르면 최소 월 200만 원은 있어야 기본적인 노후생활이 가능하고 삶을 마감할 때까지 확보되어야 한다는 것이다.

노벨경제학상을 수상한 로버트 머튼 MIT 교수는 은퇴준비에 앞서 생각의 전환이 필요하다고 주장한다.

하나, 은퇴할 때 우리가 이루고자 하는 것은 부를 쌓는 것이 아니라 은퇴 전 생활수준을 유지하는 것이다.

둘, 노후자금 마련으로 목표소득을 달성하였다면 위험자산 투자는 줄이고 안전자산 비중은 높여야 한다는 것이다.

그 다음에는 4가지 단계로 나눠 은퇴 후 소득을 준비해야 한다고 말한다.

하나, 확정된 수입을 통한 준비다. 연금저축이나 공적연금, 확정급여형을 통해서 얻는 소득을 말한다.

둘, 보수적인 목표하에서 얻는 소득이다. 은퇴자에게 유동성을 제공하거나 유산으로 남겨주기 위한 목적의 소득이다.

셋, 희망소득이다. 이 소득은 은퇴 후 상당한 시간이 지난 후에 사용하기 위한 소득이다.

넷, 장수 리스크에 대비하기 위한 장수보험이 있다. 장수보험은 85세 이후 소득을 보장하는 보험이다.

머튼 교수는 '사람들은 장수를 원하지만 반대로 자기가 보유한 자산보다 더 오래 사는 것을 두려워한다'면서 '장수 리스크에 대비해야 할 필요가 있다'고 조언하였다.

그는 '미국의 경우 연령조정연금이 있는데 연금을 넣어도 85세 이후부터 지급되고, 그 이전에 사망하면 한 푼도 받지 못하는 상품'이라면서 이런 보험성격의 연금을 통해 장수 리스크에 대비할 수도 있다'라고 말하였다.

예나 지금이나 은퇴 후에는 돈이 효도를 한다. 돈은 여유와 편안함을 주기 때문이다. 친인척들은 큰 관심이 없어도 자식들은 자산이 많으면 자주 찾아오기도 한다. 여행을 함께 가거나 각종 행사 시 화기애애하게 지낼 수 있게 하는 힘을 가졌기 때문에 돈이 효자라고 할 수 있다.

바로 이런 이유 때문에 누구나 겪을 은퇴시점의 신체적·정신적 어려움을 좀 더 슬기롭게 준비해야 할 필요성이 있다는 것이다. 나의 경우 금융기관 명예퇴직과 동시에 시작한 6년간의 투자 경험과 재테크 성과물, 그 후 주택연금 상담업무를 하며 습득한 노하우, 35년간 계속해온 명상수련과 마라톤, 등산, PT 운동, 여행 등 내 나름대로의 경험을 전파하려고 한다. 은퇴를 미리 준비할 수 있는 가이드 역할, 즉 '성공학 명강사'로 활동하겠다는 것이다.

구체적인 설명에 앞서 나의 개인 이력을 간단하게 언급하고자 한다. 나는 1970년 은행에 첫발을 디딘 후 2004년 4월에 명예퇴직까지 35년 동안 근무하였다. 퇴직 후 약 6년간 열심히 부동산 공부와 동시에 투자도 하고, 계속 해외여행을 즐겼다. 그러다 일이 하고 싶어 2009년에 내가 다닌 금융기관의 자회사인 채권회수전문회사인 신용정보회사에 입사하여 일을 하게 되었는데, 이 일을 쉽게 설명하면 마른 수건을 더 쥐어짜서 연체금을 회수하는 업무였다. 적성에 맞지 않아 1년을 채우고는 도저히 내가 할 일이 아닌 것 같아 그만두었다. 채권회수전문회사 업무를 하면서 이 세상에 돈 때문에 망가진 사람들이 왜 그렇게 많은지 처음 알게 되었다.

그 일을 하면서 배운 컴퓨터실력 덕분에 인터넷을 검색하던 중 한국주택금융공사의 주택연금 상담실장 채용공고가 눈에 띄었다. 원서를 내고 응시하여 13대1이라는 경쟁에서 영광스럽게 합격하였다. 2010년부터 2017년까지 7년간을 근무하였으며 그 덕분에 6년간 투자한 자산을 하나도 처분하지 않고 지킬 수 있었다.

모든 것은 인과응보(因果應報)라고 생각한다. 형제 친척과도 잘 지내고 부모님 봉양 잘하는 것이 자기 복을 개척하는 것임을 살아오면서 새삼 깨달았다. 세 번째 직장에서는 7년간 근무하면서 간간이 친구들과 해외여행도 하고, 등산을 열심히 다니면서 심신을 단련하였다.

6-2

마흔이후
삶의 준비가 되었는가

●

●

○

요즘 흔히들 이야기하는 100세 시대, 100세까지 산다고 가정할 경우 60세까지 마련해야 할 최소한의 생계자금은 177만 원 × 12(개월) × 40(년) = 8억4,960만 원 정도 되어야 한다는 계산이 나온다.

2017년 12월 KB금융지주 경영연구소 골든 라이프 연구센터는 서울 등 수도권과 광역시에 사는 20세에서 74세 가구주 2,000명을 설문조사하여 노후 재무 설계실태를 분석한 보고서에서다.

보고서에 따르면 "응답자들이 향후 노후생활에 필요하다고 생각하는 가구당 월 최소생활비는 177만 원, 적정생활비는 251만 원이었다고 한다. 하지만 은퇴시기를 맞은 50대가 최소생활비를 준비한 비중이 절반도 안 되었다. 부족한 생활비를 충당하느라 첫 번째 직장에서 퇴임한 5060세대가 또다시 일자리를 찾은 결과 실제 이들의 '완전은퇴'는 75세가 되어야 이루어졌다. 이는 응답자들이 원하는 은퇴연령인 65세보다 10세나 더 많다. 이 같은 이유로 은퇴한 가구가 은퇴준비과정에서 가장 후회하는 내용으로 "노후 자금마련을 위해 더 저축하지 못한 것" 56%가 꼽혔다. 국민연금 등 공적연금에만 과도하게 의존하는 모습도 포착됐다. 연금활용전략에 따라 응답자를 5가지 그룹으로 구분해 보니 가장 많은 27.7%가 공적연금만 가입한 '여력 부족형'이었다. 공적연금과 개인연금에 둘 다 가입한 '종합 지향형'이 20.4%, 공적·퇴직연금과 함께 세제혜택을 받을 수 있는 세제적격개인연금을 다 갖춘 '절세지향형'이 17.6%로 뒤를 이었다.

노후 최소생활비가 약 200만 원에 가까운 177만 원이 필요하고 적정생활비는 251만 원이라고 하니 노후 최소생활비 8억 4,960만 원보다 많은 251만 원 × 12(개월) × 40(년) = 12억480만 원이 든다는 결론이다. 하지만 노후 최소생활비가 준비되었다는 비율이 27%밖에 안 되며, 65세 은퇴시점이 75세로 늦추어 진다고 한다. 은퇴시기에 있는 분들은 이제 정신 바짝 차리고 은퇴준비를 미리 앞당겨야 한다. 만만히 보았다가는 행복한 노후는 고사하고 절대빈곤에 허덕일 수밖에 없는 신세가 될 수 있기 때문이다.

은퇴 후의 또 다른 시작, 2막 인생도전을 위해 어떤 준비가 필요할까? 20억 원을 만들면 노후가 행복할 텐데, 과연 그럴까? 20억 원도 좋지만 노후를 누구와 어디서, 무엇을 하며 지낼 것인가가 돈을 준비하기에 앞서 먼저 생각해 보아야 할 문제다. 그에 따라 준비해야 될 금액도 달라질 것이다.

시중에 떠도는 사자성어 중 '월천도사'라는 신조어가 있다. "매월 순수입이 1천만 원이 되도록 도전하는 사람"이라고 한다. 나도 그 정도면 노후에 부족함 없이 살아갈 수 있을 것으로 판단되고, 부부 500만 원씩 연금복권이 당첨되면 한쪽이 먼저 죽어도 상속이 되니까 '월천도사'를 기대하며 가끔씩 맞춰보고 있다.

또 조사에 의하면 행복한 노후요소로 건강이 35.1%, 돈이 30.4%, 인간관계가 12.5%, 사회, 여가활동이 11.0%로 나타났지만 그 순위는 어떤 방향에서 보느냐에 따라 순서가 바뀔 수도 있다. 이제는 건강하려면 돈이 있어야 하고, 건강하면 의료비가 적게 든다. 그러나 노년 사고(四苦)인 가난의 빈고(貧苦), 외로운 고독고(孤獨苦), 소일거리가 없는 무위고(無爲苦), 질병의 고통 병고(病苦)에서도 나타나지만 인간관계, 여가 활동도 노후생활 보내기에는 상당히 중요한 요소이다.

최근 영국에서는 외로움을 해결해 주는 장관직을 신설한다고 하니 건강만 하다고, 돈이 많다고 노후의 행복을 담보할 수 있는 것은 아닌 것 같다.

영국에서 현대인의 고독이 사회문제로 발전함에 따라 외로움(loneliness) 장관이 처음 임명되었다.

영국 가디언지 등에 따르면 "테레사 메이 영국 총리는 트레이시 크라우치 체육 및 시민사회 장관을 현대인의 고독 문제를 전담할 '외로움 장관(minister for loneliness)'으로 임명하고 관련 대책을 마련하겠다."라고 발표하였다.

메이 총리는 "외로움은 현대인의 슬픈 단면이라며 노인, 간병인, 사랑하는 사람을 잃은 사람 등과 대화하거나 그들의 생각과 경험을 나눌 상대가 없는 사람들과 우리 사회를 위해 고독 문제를 해결하고자 한다."라고 밝혔다.

이번 임명으로 정부 및 공공기관, 기업, 시민단체 등과 협력하여 외로움을 수치화하는 등 다양한 해결 방안을 논의할 예정이라는 것이다. 지난해 조사에 따르면 영국인 900만 명이 자주 또는 항상 외로움을 느끼며, 이 중 20만 명은 한 달 이상 친구 또는 가족과 대화를 하지 못한 것으로 밝혀졌다.

이처럼 전 세계적으로 외로움으로 인한 죽음 문제가 심각하며, 우리나라에서도 각종 대책을 내놓고 있지만, 아직은 본인들이 대비책을 만들어 갈 수밖에 없는 상황이다.

그보다도 당장 시급한 것이 재정적인 문제다. 은퇴준비와 동시에 재취업에만 몰두할 경우 건강도 문제지만 은퇴 후에 이루고 싶었던 꿈을 이루지 못하는 아쉬움이 있다. 늦게라도 노후자금을 모으는 데 박차를 가하고 절제하여, 노후인생의 의미를 재발견하도록 하는 것이 바람직하다. 현역 시절 일 하느라 못했던 여행이나 취미생활을 하는 것도 진정한 노후를 즐기는 방법이다. 선진국에서 이야기하는 단계별 은퇴 시기는 아직 요원하다.

우리나라도 국민소득이 증가하여 은퇴시기가 도래되면

1막, 활동기(go go years) 50세부터 70세의 퇴직 직후,

2막, 회고기(reflective years) 과거를 회상하면서 지내는 70대 중반을 말하며, 생활비가 가장 적게 들어가는 시기이며,

3막, 간병기(care years) 노인성 질환 간호를 받아야 하는 시기로 70대 후반부터 80대 초반이다.

내가 지금 70세에 은퇴하면서 20년 후인 90세 때 신문에 보

도된 본인의 부고장을 볼 수 있다면 어떤 생각을 하게 될까? 차분히 생각해 보면 준비해야 할 일들이 많을 것 같다.

윤필경 삼성생명은퇴연구소 책임연구원이 한국경제신문에 게재한 은퇴설계에서 '죽음까지 준비해야 은퇴설계가 완성되며 사전 장례 의향서를 작성해 보라'라는 기사가 생각난다.

"진정한 은퇴설계는 죽음까지 준비했을 때 비로소 완성된다. 나이 드는 것이 당연하듯, 죽음도 언젠가는 우리를 찾아온다. 노후는 딱 내가 준비한 만큼 여유로워진다는 사실을 명심하여야 한다."

웰다잉(well-dying)도 생각이 나겠지만, 죽기 전에 못한 일, 등산, 독서, 책 쓰기, 건강 챙기기, 여행과 노후에 아내를 부엌에서 해방시켜주려고 외식하기, 설거지하기, 가사도우미 부르기 등의 배려를 잘 해 주었는지, 배우자나 자식 등 가족에게 좀 더 신경을 써야 한다. 바로 옆에 있는 사람일수록 가장 깊은 상처를 입힌다고 했는데 '버럭' 화낼 일도 아닌데 아내나 자식들에게 '욱'하고 성질을 부렸거나 사랑을 갉아먹는 잔소리는 얼마나 했을까? 하고 후회가 될 것 같다.

이제는 상상으로라도 웰다잉을 생각해 보았으니까 은퇴 후에는
하나, 어디에서 살며

둘, 누구와 같이 어울리며

셋, 무슨 일을 하면서 살 것이며

넷, 생활비는 어떻게 마련하여 잘 사용할 것인가를 상의해야

한다.

나의 경우 퇴직 55세와 동시에 국민연금을 조기에 수령하여 불입한 돈보다 벌써 초과하여 받고 있다. 그 선택이 옳았다고 생각한다. 이유는 요즘 일본에서는 연금지급연령을 70세 이후 부터 가능하도록 추진한다고 하니 우리나라의 초고령화 사회 에서도 곧 그렇게 될 가능성이 많다.

6-3

깐깐한 마흔이후가
행복한 노후를 보장한다

●

●

○

　자유로운 노후인생을 가지려면 깐깐한 은퇴준비가 필요하다. 먼저 자신의 노년은 어느 누구도 대신해 주지 않는다는 점을 항상 염두에 두어야 한다. 움직일 수 있는 한 다른 사람, 특히 자식들에게 의지하는 것은 피하고 스스로 개발하고 빈틈없이 챙겨야 한다. 은퇴 전 살아온 삶은 대충 살아왔더라도 은퇴준비만큼은 깐깐하게 챙기지 않으면 양로원에도 못가는 신세가 될 수 있고, 죽을 때까지 늙은 몸을 이끌고 막일을 하게 될 수도 있다는 것이다.

활기차고 건강한 노후를 위해서는 뭐니 뭐니 해도 머니 (money)가 있어야 한다. 돈이 많다고 반드시 좋은 것은 아니다. 정도를 벗어난 너무 많은 재화는 화를 부르기 쉽다. 살아가면서 부딪치게 되는 문제들에 대처하여 배우자와 자식, 형제, 가족들의 신뢰가 오히려 더욱 가치 있는 보배라는 사실을 잊지 말아야 한다. 형제보다 더 가까이 지내는 친구들과의 우정과 따뜻한 말 한마디, 기쁨과 슬픔을 함께 해 주고 위로해 주는 친지들도 돈으로 환산할 수 없는 귀중한 자산이다.

대부분 갈등으로 고통 받는 가정은 가족 간의 금전적인 마찰로 힘들어 하는 경우가 많다. 아무리 노후준비를 잘한다고 해도 과도한 지출은 줄여 나가야 한다. 먼저 우선순위를 확실히 해야 한다. 본인과 배우자의 건강, 그 다음이 배우자와의 화합, 그리고 자식들과의 원만한 관계다. 이를 위해 배우자에게는 평소에 상처를 주는 말이나 행동은 항상 조심하고, 잘못한 경우는 먼저 정직하게 사과하여 후회할 일을 만들지 말아야 한다. 진정어린 존중 없이 함부로 하다가는 요즘 유행되는 졸혼을 당할 수도 있다. 남는 시간과 무료함을 달래기 위해서도 취미생활을 개척하고 서로 더 많은 대화를 통해 관계를 돈독히 해야 한다.

아무리 은퇴 준비를 잘해도 건강하지 못하면 아무 소용이 없다. 식단은 평소 우리가 무심코 간과하기 쉬운 3대 영양소인

탄수화물, 지방, 단백질 중 탄수화물 섭취를 줄이고, 칼로리에 주의하면서 근육운동에 필요한 살코기 단백질을 더욱 많이 섭취하였다. 즉 저탄수화물, 고단백질 방법을 알게 되었다. 또 운동을 시작하면서 그동안 꾸준히 아침저녁으로 해온 명상을 더 집중적으로 하게 되었다.

한편으로 운동은 다양한 정보를 새롭게 접하는 부수적인 효과도 있었다. 나이가 많은 탓도 있겠지만, 따라 하기에 버거운 점, 온라인화, 디지털화로 인한 생활불편은 둘째 치고라도 사용하는 언어들이 영어로 바뀌어져 있고, 세미나 때 젊은이들이 책가방으로 간편하게 메고 다니는 가방이름이 '에코백'이라는 것조차 그때 처음으로 알게 되었다. 샤넬과 같은 명품 가방으로 잘못 알아들어 실수한 적이 있을 정도로 모르는 단어 때문에 아내나 딸들에게도 핀잔을 들을 때가 종종 있었다.

에코백처럼 운동을 계속하면서도 처음 접하는 생소한 단어들이 많아 검색해 보니 그동안 직장근무를 이유로 얼마나 자신의 몸에 부담을 주었고 학대해 왔는지 반성하는 계기가 되었다. 지금은 체지방도 정상이고, 근육량을 늘렸음에도 체중은 오히려 6kg 정도 감량되어 가벼운 기분이다. 나이를 고려하여 지나치게 과도한 운동량을 피한 결과로 많이 빠지지는 않았다.

심혈관도 깨끗해진 것 같아 기분이 좋다. 그나마 평소 마라톤, 등산으로 유산소운동을 꾸준히 해 온 덕분에 강도 높은 훈련도 따라갈 수 있었고, 관련 서적 3권을 숙지한 것도 큰 도움이 되었다. 〈운동이 먼저다〉, 〈운동이 전부다〉, 〈중년의 몸만들기〉를 보고 많은 도움이 되었으며, 매일 담당 트레이너에게 먹는 식단을 체크 받으면서 열심히 노력하였다.

나는 지금도 역사공부, 등산, 책 쓰기, 골프 등의 여러 사부님 중에서 PT 운동선생님을 제일 중요하게 모시고 있다. 매일 운동 후에는 마을공원에 있는 운동기구로 마무리 운동을 하고 있다.

나의 경우 명상, PT 운동, 등산, 식습관 개선으로 건강을 다지는 부분은 많이 발전되었고, 덕분에 아내도 함께 식습관이 개선되었다. PT에 사용되는 봉 등은 훈련이 끝나면 집에서 계속하려고 구입하여 부부가 함께 집에서 운동을 하고 있다.

이렇게 적당한 운동을 한 결과 깊고 충분한 수면도 취할 수 있게 되었다. 충분한 멜라토닌으로 면역기능이 높아져 몸에 활력을 주기 때문이다. 100세 시대라 하지만 건강하지 못한 상태로는 아무리 유병장수시대라 해도 오랜 질병은 본인은 물론 가족들에게 짐이 될 수밖에 없다. 긴 병에 효자 없고 병든 부모는 원수가 된다는 말을 잘 새겨 볼 일이다.

은퇴 후 건강의 중요성과 일화를 소개한다. Y시에 사는 예비역 장성 한 분은 부인 간병비를 충당하려고 주택연금을 신청하였다. 하나 있는 자녀는 외국에 이민을 가서 잘 살고 있으며, 본인은 군인연금으로 해외여행도 다니고 골프도 칠 만큼 여유가 있었다. 그러나 이제는 나이도 있고, 저축의 필요성도 없으며 심한 당뇨를 앓고 있는 부인의 간병비를 충당하려고 주택연금을 신청한다고 하였다. 이처럼 노후에는 자산보다도 건강이 더욱 소중하고 부부가 함께 할 수 없을 경우 환자 본인은 물론 배우자도 사는 재미를 상실하여 고생하게 된다. 건강보다 더 귀중한 것이 없다는 다음의 말이 맞다.

"돈을 잃으면 조금 잃는 것이요. 명예를 잃으면 많이 잃는 것이지만 건강을 잃으면 모든 것을 잃는 것이다."

그리고 이제는 오래 살게 되고, 그럴수록 건강을 유지하려면 더 많은 의료비를 필요로 하게 된다. 자식들에 대한 준비도 소홀히 할 수 없고 장래 발생할 인플레이션 등에 대한 대비도 해야 한다. 세계적인 인물 스티브 잡스도 신 중년 세대로의 진입과 동시에 세상을 떠나면서, 깐깐한 노후준비의 첫째 항목인 건강에 충실하지 못했다고 후회했지만 다 지나간 뒤에 후회가 무슨 소용이 있을까?

그렇다. 그가 병상에 누워 생의 마지막에 남겼다는 메시지가 큰 울림으로 다가온다. 그는 세상에서 가장 비싼 침대는 '병석'이라 하였다. "운전수를 고용하여 차를 운전하게 할 수도 있고, 직원을 고용하여 돈을 벌게 할 수도 있다. 고용은 할 수 있어도 다른 사람에게 병을 대신 앓도록 시킬 수는 없다."라고 하였다. 맞는 말이다. 제아무리 돈이 많아도 죽음을 대신해 주는 사람은 없다. 그는 56년의 짧은 생을 살았지만 "그토록 자랑스럽게 여겼던 주위의 갈채와 막대한 부는 임박한 죽음 앞에서는 그 빛을 상실하였다."면서 "굶지 않을 정도의 부만 축적되면 돈 버는 일보다 더 중요한 뭔가가 되었어야 한다."라는 것을 깨달았다고 회고하였다.

아무리 재산이 많아도 건강하지 못하면 아무 쓸모가 없고, 남은 삶이 고통이 된다는 것을 잊지 말자.

> "우리가 어느 날 마주칠 불행은 우리가 소홀히 보낸 지난 시간에 대한 보복이다."
>
> _나폴레옹

6-4

YO^{Young Old} 신 중년
60세부터 75세가
인생최고의 전성기다

●
●
○

은퇴는 마음먹기에 따라서는 장점이 많다. 또다시 젊은 시절의 힘든 삶을 반복하지 않아도 되고, 내가 좋아하고, 하고 싶은 일을 선택할 수 있다. 일본의 시바타 도요 100세 시인처럼 92세에 시를 쓰겠다는 꿈을 꿀 수도 있다. 꿈의 실현을 위해서는 YO(Young Old) 신 중년 세대의 시작 부분인 60세 전부터 꿈 실현을 준비하는 것이 바람직하다. 그 꿈은 가능한 한 원대한 수준의 꿈일수록 좋다. 꿈이 커야 도전할 용기가 생기기 때문이다. 더 큰 노력을 할 수 있고 새로운 아이디어를 창조할 수도 있다.

그렇지만 실현 불가능하거나 도달이 어려운 꿈은 이상일 뿐이며 남은 생애에 아무런 의미가 없다. 꿈을 이루기 위해서 평생학생, 평생현역으로 평생 직업을 추진해야 한다. 피터 드러커, 베르디, 미켈란젤로 등 각 분야에서 뛰어난 평가를 받은 사람들처럼 인생 후반기에도 "꿈은 이루어진다"라는 자신감을 갖는 것이 무엇보다 중요하다.

'영 올드 YO(Young Old)'란 미국 시카고 대학교 심리학과 버니스 뉴가튼(Bernice Neugarten) 교수가 말한 신조어다.

즉, YO란 60세부터 75세까지의 '신 중년'을 가리킨다. 이전 노년층과 달리 고학력, 도시화 및 국제화의 수혜자, 고품격 취미, 풍부한 경험과 정보, 균형감각 등을 가지고 자기조절을 잘하는 특징을 지닌 미래를 살리는 주역이 될 수 있는 세대다.

문제는 미래를 살리는 주역이 되려면 힘을 유지해야 하는데, 그러기 위해서는 최소한 4가지 조건, 즉 신체건강, 정신건강, 사회적 파워 및 영적인 건강을 충족해야 한다.

흔히 나이가 들면 뇌의 힘이 떨어진다고 말하지만 뇌는 쓰면 쓸수록 똑똑해지며, 뇌의 유연성과 적응력은 나이와는 상관이 없다고 한다. 생활습관과 운동으로 세포에 적절한 자극만 준다면 젊음이 유지된다는 것이다. 또 어느 정도 회복하는 것은 얼마든지 가능하다고 의학전문가들은 말하고 있다. 시니어 시장도 무한경쟁의 블루오션시장으로 각광받고 있다.

나이 듦은 소멸이 아니라 성숙이며, 후퇴가 아니라 시작이다. 대비만 제대로 한다면 고령화가 사회의 짐이 아니라 축복일 수도 있다.

이시형 박사는 "나이가 들수록 더욱 강해지는 힘, 즉 에이징 파워(aging power)를 알면 고령화 사회의 미래가 결코 어둡지 않다."고 강조하면서 에이징 파워 8계명을 제시하였다.

하나, 역전의 기회는 있다. 스스로를 사랑하라.

둘, 사람은 떠날 때를 알아야 한다. 아름다운 퇴장을 준비하라.

셋, 옛날 명함은 잊어버려야 한다. 기업운영만 고집하지 말라. 무엇이든 좋다.

넷, 행복하지 않으면 의미가 없다. 진짜 하고 싶은 일을 하라.

다섯, 지역사회의 새 이웃을 사귀어라. 자식에게 기대하지 말라.

여섯, 받은 만큼 사회에 돌려주어라. 진정한 베풂의 기쁨을 누려라.

일곱, 운동과 감동은 노화와 퇴화를 막는다. 생생하게 느끼고 계속 움직여라.

여덟, 어느 단체나 모임이든지 가입해서 소속감을 가져라.

나이 먹는 것을 두려워하고 젊은이들에게 홀대받는 부정적인 이유로는 신 중년 세대는 독선적이고, 무책임하며 너무나 권위주의적이다. 편견에 빠져 감정자제력이 부족하고, 공과 사가 불분명하다는 잘못된 사고방식을 먼저 지적할 수 있다.

YO 신 중년시대를 지나 100세 시대를 바라보는 입장에서 본 신 중년세대의 리스크로는

하나, 건강 없이 오래 사는 위험

둘, 돈 없이 오래 사는 위험

셋, 꿈도 목표도 없이 오래 사는 위험

넷, 일 없이 오래 사는 위험

다섯, 배우자 없이 오래 사는 위험

여섯, 친구 없이 오래 사는 위험 등이 있다.

우리나라 은퇴자들 70%가 은퇴준비를 제대로 못하고 있다는 기사를 접하면서 은퇴준비에도 골든타임이 필요하다는 판단이 들었다. 골든타임이란 비행기의 추락사고로 인한 심장마비 등 위급상황에 많이 사용되는 용어로 구제가능성이 높은 시간을 의미한다.

편안한 노후생활을 위한 은퇴준비에도 골든타임이 있다. 정년이 다가오기 전에 은퇴준비를 하여야 한다. 물론 목전에 숨넘어가듯 몇 초, 몇 분을 다투듯 급할 필요는 없겠지만 본인 스

스로 은퇴하고 마음의 준비를 하는 것과 하지 않는 것은 엄청난 차이를 줄 수 있다.

YO 신 중년의 시점이 은퇴준비를 해야 할 골든타임 시점이라는 것을 기억하자.

YO 신 중년들의 생활습관 목표 6가지를 들면,

하나, 나이 때문에 무표정하기 쉬우므로 밝은 목소리로 항상 밝게 웃으며, 밝은 색깔 옷차림으로 생활한다.

둘, 나이가 들면 '욱', '버럭'하고 참지 못하여 상대방에게 정신적 부담을 주게 되므로 화를 잘 통제하고, 충고해 주어도 변화를 기대할 수 없는 잔소리는 나만 힘들고 빠른 노화만 가져올 뿐 전혀 효과가 없으므로 자제하여야 한다.

셋, 감사함의 표시는 많이 할수록 좋다.

넷, 옷은 청결하게 자주 갈아입고, 목욕도 자주하고, 정리정돈하여 주변이 깨끗하도록 노력한다.

다섯, 나이가 들면 신체적으로 모든 기능이 떨어지게 되므로 평소에 목, 허리, 어깨 등의 근육과 관절근육을 많이 움직여 주고, 걷기운동을 많이 해야 한다.

여섯, 용불용설 이론처럼 사람의 몸도 많이 쓸수록 퇴화하지 않는다. 특히 읽고 쓰는 일로 뇌를 많이 사용하여야 뇌기능 퇴화를 막을 수 있고 노화도 늦추고 치매예방에도 많은 도움이 된다.

중요한 것은 물질적인 준비보다 여유 있는 마음의 준비, 즉 정신적 독립이 우선이다. 여러 가지 준비해야 할 것이 많다. 옛날 내가 어릴 때, 초등학교 도덕시간에는 요즘의 '건강한 정신에 건강한 신체'와 달리 '건강한 신체에 건강한 정신'이라고 배웠다.

살아 보니 그 말이 맞다. 근육운동이 특별히 중요한 이유는 근육이 줄어들면 노화가 빨라지기 때문이다. 유산소운동, 식습관도 많이 개선해야 한다. 급하게 변하는 것보다 서서히 준비해야 한다. 미세조정(fine tuning)으로 사랑하는 가족친지들과도 사소한 부분부터 노후생활 중에 걸림돌이 되지 않도록 유대관계를 돈독하게 해 두는 것이 좋다.

요즘은 동네 스파(SPA), 스포츠센터나 레포츠, 피트니스, 헬스장 시설을 구경시켜주거나 설명해 주면서도 '투어(tour)'라고 부르며 체험탐방의 용어가 일반화되었다. 은퇴 후 많아질 여유시간을 즐기기 위해서 함께 운동하거나 가족, 친구들과의 여행계획을 세우는 것도 은퇴준비에 많은 도움이 된다. 은퇴에도 노력이 필요하다.

중국의 모소 대나무처럼 튼튼한 뿌리를 만들어야겠다. 모소 대나무는 '마오 모죽(毛竹)'이라고도 한다. 5년 동안 겨우 3cm만 자라고, 그 기간 동안 뿌리만 튼튼하게 하여 굴착기로도 안 파진다는 이 모소 대나무가 5년을 기다린 후에는 하루에 30cm

씩 6주 만에 15m 이상 자란다는 이야기처럼 인생 후반기를 대비하여 단단한 뿌리를 만들어야 한다.

"게으른 자여 일어나라. 죽으면 얼마든지 충분한 잠을 잘 수 있다."

_벤저민 프랭클린

마흔이후는 또 다른 가능성을 열어주는 시작이다

- ●
- ●
- ○

미켈란젤로는 90세 마지막 순간까지 〈론다니니의 피에타〉 조각작품을 만들었다고 한다.

인생의 3분의 1 이상이 은퇴기이다. 좀 더 일찍 은퇴하여 오래 사는 경우에는 2분의 1 이상이 될 수도 있다. 40세에 은퇴하여 90세까지 사는 경우다. 은퇴기가 길든 짧든 은퇴가 삶의 종착역은 아니다. "인생 전반부가 강요받은 것이었다면 후반부는 스스로 선택하는 것이다."라고 미국 하버드 대학교 쇼쉐너 주버프 교수가 한 말이다.

이처럼 사회생활의 출발점에서는 강요 아닌 강요이었거나 어쩔 수 없이 시행착오나 불안한 출발이 대부분이었을 것이다. 그러나 은퇴 후에는 그동안의 인생경험과 노하우로 더 좋은 선택을 할 수 있다는 장점이 있다. 누구에게나 제2의 후반기 인생을 선택할 결정권이 있으며, 경우에 따라서는 평생현역으로 은퇴를 거부할 수도 있다. 그러나 우리의 생존 이유는 변화를 추구하기 위해 태어났다.

또 다른 시작을 위해서는
하나, 새로운 관계를 만들어야 하고,
둘, 나이는 들었지만 끊임없는 도전정신으로
셋, 현명하게 추진하여 제2의 꿈을 현실화시키는 실행력을 발휘해야 한다.

내가 내 삶의 주도권을 스스로 결정하고, 책임지는 성숙한 인생을 살아야 한다. 은퇴가 일을 멀리하라는 것은 절대 아니다. 또 다른 가능성을 위한 두드림이 되어야 한다. 인생에는 리허설의 기회가 주어지지 않는다. 인생항로의 운전대는 본인이 잡고 주행하는 실제 상황임을 명심해야 한다.

누가 나를 끌어주기를 기대하지 말고 어느 누구도 나를 막지 못함을 깨달아야 한다. 누구도 나 대신 나이를 먹어주지 않으며 살아주지 못한다. 은퇴의 주인공은 나이기 때문이다. 이

왕이면 은퇴 후 인생도 명품인생을 선택하여, 은퇴 전보다 더 나은 삶, 특별한 삶을 만들어 내 이름을 최고의 브랜드로 만드는 것이 좋다. 옷이나 가방, 신발로 치장하는 명품에 목매는 인생이 아닌 자신의 삶을 명품으로 만드는 명품인생을 목표로 해야 한다. 물질적인 목표보다 정신적으로 안정되고 행복한 삶이 더욱 가치가 있다는 것을 명심하자.

건설회사 임원에서 기타(guitar)를 만들거나 출판사 경영자가 귀농하여 밤하늘 총총한 별들을 보고 천문학자가 된 사례도 있다. 내 주위에도 은행지점장으로 명예퇴직한 후 픽션작가가 된 사람도 있다. 신년연하장을 붓글씨로 보내주거나 서예, 그림 전시회에 초청하기도 한다. 사진작가들은 수도 없이 많고, 책 출판기념식에 초대받기도 한다.

기타 목수, 심부름센터 사장, 동기부여 강사, 요리사가 된 사람도 있다. 친구들 중에는 아직도 중견기업사장이면서 사진작가로 거듭나거나, 77세 선배는 아내가 하는 성악에 새로 입문하여 공연도 하고, 숲 해설가, 문화 해설가, 고궁 역사박물관에서 해설을 해 주는 도슨트(docent)도 있다.

준비 없는 은퇴는 감옥생활처럼 암울한 삶을 맞게 된다. 게다가 사회는 갈수록 본인이 원치 않는 은퇴를 강요하고 있다. 이런 상황에서 아무런 준비 없이 은퇴를 맞을 경우 불행한 노후는 피할 수 없다.

요즘 들어 100세 시대를 실감하고 있다. 급격하게 늘어나는 평균수명 때문에 우리 사회도 초고령화 사회로 옮겨가고 있음을 피부로 느낀다. 그래서 전문가들은 30대부터 은퇴준비를 해야 한다고 주장한다. 이러한 세태를 반영하듯 장기투자 방법과 연금 상품 관련 서적들이 넘쳐나고 있다.

하지만 전문가들은 경제적인 준비뿐만 아니라 마음자세부터 먼저 갖출 것을 권고하고 있다. 정신적인 행복 없는 물질적인 풍요만으로는 진정한 노후의 행복을 담보할 수 없기 때문이다. 행복한 노후의 삶을 풍요롭게 보내기 위해서는 무엇보다 마음가짐이 중요하다.

삶의 행복지수를 높이려면 너무 많은 것을 바라지 말고, 먼저 현재에 만족하는 마음가짐이 중요하다. 세계적인 빈곤국이면서도 국민들의 행복지수가 세계 8위 국가인 부탄을 배울 필요가 있다. 이 나라 정부에서는 쓸데없는 욕망을 부추기는 광고를 금지시키는 정책을 펴서 국민행복지수를 높이는 데 기여하고 있다고 한다. 우리도 바라는 것을 한층 적게 하고, 과욕 때문에 불행해지지 않도록 해야 한다. 그 대신 정신적 가치에 집중시키는 방법으로 유도해야 할 것이다.

현직 때는 돈과 시간 때문에 도전을 포기해야 했던 많은 것들을 은퇴로 시작해 볼 수 있다. 오늘을 어떻게 보내야 행복할까? 자문해 보면서 옛날에는 벌이로서의 일이었지만, 지금은 놀이로서의 일을 선택하거나, 아니면 취미생활을 찾아보는 것은 어떨까?

고령화 사회, 100세 시대로의 진입이 은퇴 후 생활을 더욱 고민하게 만들고 있다. 남은 또 다른 40년의 여생을 어떻게 보낼 것인가가 더욱 중요해졌다. 잘 준비된 은퇴는 축복이다.

70년 동안 고된 인생살이 끝에 얻은 값진 휴식이며, 여생을 의미 있게 정리하는 시기이다.

경제적으로도 아껴 쓰면, 어느 정도는 작고 소소하며 확실한 행복, 요즘 유행하는 '소확행(小確幸)'을 누릴 수 있다.

무엇보다 시간이 풍족하게 많아진다는 점이 좋다. 요즘 노년기의 새로운 풍속도는 누구에게 의존하는 것도 싫고, 누구의 희생도 바라지 않는다는 것이다. 하지만 준비만 잘하면 새로운 가능성은 무궁무진하게 많다.

〈파브르 곤충기〉로 유명한 장 앙리 파브르는 85세에 10권의 곤충기를 완성하고 생을 마감했다고 한다.

나도 YO 신 중년세대가 되기 전인 55세에 명예퇴직하고, 근무한 금융기관의 자회사에 1년을 근무하였다. 이어 취업 후 7년 동안 근무한 세 번째 직장 주택금융공사 입사 때 제출한 '자기소개서' 일부를 소개한다.

"(귀사에서의 역할) 저의 후반기 새로운 인생 출발에 매우 적합한 직업으로 판단됩니다. 저출산, 초고령화 사회로 급하게 진입하는 우리나라 형편에 맞고, 현대 우리사회가 절실하게 필요로 하는 일이라는 사명감을 가지고 창의적으로 최선을 다하여 일할 각오입니다. 서민층을 따뜻하게 하고 중산층들의 넉넉한 노후를 위하여 적극 홍보하는 홍보대사가 되어 온 국민이 돈 걱정 없이 즐겁게 사는 사회 만들기에 일익을 담당하고 싶습니다."

이 내용의 자기소개서로 응시하여 합격하여 근무하면서 고객들로부터 1년간 5번의 친절 직원으로 추천 받아 포상 받은 적도 있다. 특히 어르신들의 가려운 곳을 파악하여 주택연금 마련의 안내자 역할을 한 보람과 긍지를 느꼈다.

은퇴를 하고도 새로운 가능성을 목표로 매진하기 위해서는 건강이 전제되어야 한다. 더구나 은퇴로 인한 정신적인 좌절이나 소외감을 떨치기 위해서도 그렇다. 아프기 전에는 누구나 건강의 중요성을 깨닫지 못한다. 은퇴시점이 건강을 다지는 골든타임이다.

양다리 걸치기로 점진적 은퇴를 권유받기도 하였지만, 내 경우에는 바로 명예퇴직을 선택한 것이 오히려 장점이 더 많았다. 확실한 업무도 주어지지 않은 상태로 월급은 적게 받는 어정쩡한 상태가 싫었다. 당연히 퇴직금도 적을 수 있기 때문이다. 각자의 강점과 개인성향을 고려하여 긍정적으로 생각하여야 한다.

이 시점에 정신건강에도 많은 영향을 받는다. 가족과의 대화와 배려는 필수이다. 자주 상의하여야 돌발 상황에 함께 대처할 수 있다. 돈과 일이 전부가 아니므로 또 다른 인생의 의미와 목표를 찾아야 한다. 인생의 황금기인 현재를 직시하면서 은퇴전보다 더욱 즐겁고 성장하는 새로운 인생을 꾸려야 한다.

최근 의사나 심리학자들이 장수와 노년건강의 비결에 대하여 언급한 내용을 보면, '친구가 많은 사람이 건강하게 장수한다'라고 하였다. 즉 친구와 함께 취미나 종교생활을 하거나 평소에 친구와 가까이 하는 사람들이 전반적으로 행복하다는 것을 유념하여 '우(友) 테크'를 다지자.

> "친구와 와인은 오래될수록 좋다(Friend and Wine improve with ago)."
>
> _스페인 속담

6-6

인생 후반기는 외로운 것이 아니라, 자유로운 것이다

●

●

○

　은퇴의 좋은 점은 그동안 시간이 없어 못했던 일을 자유롭게 시작할 수 있는 절호의 기회가 주어진다는 것이다. 자신이 정말 원했던 일에 도전할 수 있는 더 없이 좋은 기회이다.

　퇴직 시 부여받은 종잣돈은 외로움도 달래주고 자유로운 삶도 보장할 수 있다. 퇴직한다고 반드시 불행해지는 것은 아니다. 오랜 기간 연마한 능력과 기술로 새로운 일에 도전하는 기쁨을 맛볼 수 있기 때문이다. 아무도 대신할 수 없는 한 번뿐인 인생이다. 다시 오지 않는 삶을 성공적으로 영위하려면 지혜롭게 성공전략을 세워 끊임없이 앞으로 나아가야 한다.

나는 나폴레온 힐의 "생각한 대로 이루어진다."라는 말처럼 은퇴 후에도 무언가를 이루기 위하여 평생학생으로 열심히 사부님들을 찾아 공부하러 다닌다.

하나, 확고한 목적의식과 불타는 의욕을 갖겠다.

둘, 명확한 계획을 세우고 착실하게 실행해 나가겠다.

셋, 주위 사람들의 부정적인 견해는 깨끗하게 무시하겠다.

넷, 나의 목표와 계획에 찬성하여 용기를 북돋워주는 사람을 친구로 사귀겠다.

나폴레온 힐의 이 네 가지 성공철학의 결론은 "불가능은 없다."라는 것이다. 나폴레온 힐의 선물로 받은 사전에서 불가능(impossible)이란 단어를 지우고 난 후 받았다는 일화는 그가 얼마나 성공에 대한 강렬한 열망을 갖고 있었는지를 짐작하게 하는 부분이다. 나 또한 내가 하는 일에 불가능이 없음을 보여주고 싶다.

직장인들이 은퇴에 임박하여 이상적이고 바람직한 은퇴준비는 과연 어떤 것이 있을까?

하나, 재무, 연금 삼종세트인 국민연금, 퇴직연금, 개인연금을 들 수 있고

둘, 건강, 건강하지 못하면 삼종세트는 고사하고 치료비 때문에 오히려 재무 쪽에도 부정적인 영향을 미친다.

셋, 인간관계, 가족 친지들과 자유롭고 원만한 관계를 유지하며 외롭지 않게 소통하며 여생을 보내는 것을 바라며

넷, 여가보내기, 취미생활 및 사회활동이다. 여행, 등산, 운동 등은 정신적·육체적인 건강에 반드시 필요하다.

은퇴 전이라면 불요불급한 소비를 통제하여 은퇴 후의 풍요로운 삶을 대비해야 한다. 하루라도 빨리 현재와 미래를 위한 적절한 파이의 배분을 시도해야 한다.

나의 경우 지난 70년을 돌이켜보면 너무 일찍 사회생활을 시작하다 보니 한동안 분위기에 편승하여 돈이나 시간을 과소비한 것은 아닌지 반성하게 된다. 닥쳐올 저성장시대, 저금리시대를 예측할 능력도 없었으며, 매달 받는 월급이 얼마나 중요한지를 깨닫지 못하고 생활한 것 같다. 나름대로는 재테크공부도 했지만 더 열심히 하지 않았고, 놀이에 빠져 시간을 낭비했다는 후회도 있다.

은퇴를 어떻게 준비하느냐에 따라 은퇴 후의 삶이 힘들 수도 있고, 자유롭고 행복해질 수도 있다. 즉, 일체유심조(一切唯心造)로 생각하기에 따라 하루에 한 끼 식사도 행복할 수 있다는 것이다. 닥쳐올 미래가 불확실하다고 내 맘대로 인생을 끝낼 수는 없다. 지금부터라도 티끌모아 태산이라고 진합태산(塵合泰山), 열심히 모으고 인간관계를 돈독히 하여 깐깐한 은퇴준비를 해야 한다.

노후를 어떻게 풍요롭게 보내느냐에 따라 삶을 앞서 산 사람으로서 모범이 될 수도 있고, 형편없이 모자란 삶을 살 수도 있다. 호화롭지는 않지만 평균 정도의 생활을 유지한다면 생활비는 그렇게 많이 필요하지는 않다고 한다. 물론 노후자금은 천차만별 각자가 사는 방법이 다르므로 정답은 없다. 정년을 앞두고 직장을 일찍 그만두는 경우와 높은 연봉으로 돈 걱정 없이 생활하는 사람과는 엄청난 차이가 있다. 그러나 생각하기에 따라 호불호가 결정되는 것이니, 어떻게 사는 것이 바람직한 노후인생인지를 함부로 단정 지을 수 없다.

노후를 외롭지 않고 자유롭게 보내려면 스스로 자신을 움직이는 것이 필요하다.

미국 포드 자동차의 헨리 포드(Henry Ford)는
"할 수 있다고 믿으면 할 수 있고, 할 수 없다고 믿으면 할 수 없다(Whether you believe you can do a thing or not, you are right)."라고 하였다.

나 자신을 신뢰하고 부지런히 움직이는 것이 노후의 나를 자유스럽게 하는 최선의 방법이다.

이승민의 저서 〈상처받을 용기〉의 내용 중 "감정적인 상처에 맞서는 생각하는 법"을 소개한다.

하나, 모두에게 사랑받을 필요는 없다.

둘, 내가 존재해야 세상도 존재한다.

셋, 혼자는 외로운 것이 아니라 자유로운 것이다.

넷, 누구도 나에게 상처를 줄 권리는 없다.

다섯, 쓸데없는 비난은 무시하면 그만이다.

여섯, 완벽하다고 욕 안 먹는 것이 아니다.

일곱, 소모적인 처세보다 담백한 의사표현이 낫다.

여덟, 어떤 문제도 나 혼자 잘못해서 벌어지지 않는다.

아홉, 자신을 사랑하는 사람이 남에게도 사랑받는다.

열, 인생은 나를 사랑해 주는 한사람으로 충분하다.

아는 만큼 보이고, 보이는 만큼 잘 산다고 하니 많이 알기 위하여 책도 많이 읽고, 여행도 많이 하여 지식 습득에 힘써야 한다.

어쩌면 노후가 외로우면 인생을 헛되게 살았다고 할 수 있고, 자유로우면 그만큼 인생을 잘 살았다고 할 수 있다.

'인자수(仁者壽)'라고 공자가 말했듯이 덕으로 사람을 대하여 인자하게 생활하는 사람들은 노후에도 분명 자유를 구가하며 즐겁게 산다. 세상은 넓고, 하늘은 높다. 이 세상에는 나보다 더 많이 아는 스승, 나보다 잘 사는 행복한 부자들이 수없이 많다. 평생 공부하는 자세로 배우며 살아간다면 외로울 시간이 없다. 꿈을 놓지 말고 죽는 날까지 배우고 즐겨야 후회하지 않는다.

"운명의 여신은 용기 있는 자에게 미소를 짓는다."라는 말을 믿으며 포기하지 말고 계속 꿈을 실현해 나가야 한다.

실패에 대한 두려움 때문에 새로운 일에 대한 열정을 잃으면 안 된다. 현재 존재하지 않거나 잘 알려지지 않아서 경쟁이 덜 치열한 유망한 시장이 있으면 과감히 도전해야 한다.

"아파서 못 걷는 게 아니라 걷지 않아서 아프다."라는 신문 광고 문구를 본 적이 있다. 일본 다나카 나오키의 저서 〈나는 당신이 오래오래 걸었으면 좋겠습니다〉의 광고 카피다.

아예 도전해 보지 않으면 성공은 고사하고 실패조차 없다는 얘기일 것이다. 건강이든 재테크이든 마찬가지다.

오늘이 내 남은 인생의 첫날이다

●

●

○

"오늘이 무슨 날인지 아십니까?

오늘은 바로 당신이 앞으로 살아갈 인생의 첫날입니다."

_영화 「아메리칸 뷰티」 중에서

70세를 한 해 앞둔 지난 2018년 6월에 '서울시 50 플러스 남부 아카데미' 개소 기념으로 개최한 100세 김형석 교수의 「백년을 살아온 인생선배가 보내온 편지」라는 주제로 '인생의 쓴

맛 매운맛을 다 보고 나서야 행복이 무엇인지 알게 되었다'라는 내용의 강의를 들었다.

현직 교수들을 초빙하여 개설한「시야를 넓혀주는 동북아시아 중국과 일본의 근대역사」를 우리나라 근대사와 비교해 주는 강의도 수강하였다. 너무 재미가 있어서 한 번도 빠지지 않고 열심히 참여하고 개근까지 해서 열공상을 수상하기도 하였다.

또 서초구에 있는 중앙복지관과 국민연금공단에서 개설한 노후 관련 세미나에도 참여하였다. 서초구청과 서울교육대학에서 주최하는『서울의 역사와 문화탐방』이란 프로그램으로 현장을 탐방하면서 설명을 듣는 유익하고 알찬 강의는 매주 기다려지는 즐거운 과목이었다.

오늘은 누구에게나 주어진다. 하지만 대부분의 사람들은 오늘 하루를 남은 인생의 첫날처럼 귀중하게 여기지 않는다.

고(故) 김수환 추기경은 "오늘이 삶의 마지막 순간이라고 생각하세요. 그러면 항상 최선을 다하는 삶을 살 수 있습니다."라고 말하였다. 이 말씀이 나에게 천금 같은 무게로 다가온다. 나의 매일 매일의 삶을 낭비하지 말고 살아야겠다는 각오를 다지게 한다. 매일 반복되는 하루하루를 나에게 주어진 마지막 날인 것처럼 소중하고 보람차게 보내야겠다.

"내일은 오늘의 다른 이름"이라는 말처럼 은퇴를 선언한 이

시점은 두 번 다시 오지 않을 오늘이므로 생의 마지막 날처럼 아끼고 절박하게 살아야 한다. 꿈은 영원히 살 것처럼 꾸고, 사는 것은 내일 죽을 것처럼 최선을 다해 살아야겠다.

스티브 잡스도 하루하루를 인생의 마지막 날이라고 생각하고 살았다고 한다. 나폴레옹도 전쟁을 하면서도 독서를 게을리하지 않았으며 "영토를 잃을지라도 결코 시간은 잃지 않겠다."라고 시간을 소중하게 여겼다고 한다.

매일의 오늘에는 찬란한 아침이 존재한다. 어제보다 나은 아침을, 또 다른 해가 돋는 오늘 아침이 매번 좋아질 것이라는 긍정적이고 낙천적인 자세로 살아야 한다.

내게 주어진 매일 매일의 날들을 충실하게 살다보면 헛되고 무의미하게 소비하는 시간들이 줄어들 것이고 알차고 보람된 삶의 흔적들이 차곡차곡 쌓이게 될 것이다.

바쁜 일상을 기적의 날로 바꾸려면 남다른 노력이 필요하다. 박성현 골프선수처럼 "남달라"라는 좌우명을 달고 살아야 한다.

은퇴는 새로운 일을 위한 시작이다. 남겨진 30년 내지 40년의 시간이 축복이 될 수 있다. 내일에 의존하지 말고 오늘의 하루하루에 충실하자. 오늘을 마지막 날처럼 치열하게 매일매일 쌓고 또 쌓으면 태산이 된다. 오늘이 남은 내 인생의 첫날로 기대하는 긍정적인 자세가 좋다.

은퇴란 당사자는 물론 가족들에게도 정신적으로 힘든 시기다. 그런 어려움에서 빨리 벗어나려면 새로운 세계를 만들어 몰입하면서 즐기는 것이 최선의 방법이다. 매일을 소중하게 보내는 길만이 두려움과 불안에서 해방되는 길이다.

〈나는 이렇게 나이 들고 싶다〉의 저자 소노 아야코의 신간 〈나이 듦의 지혜〉에서 말하는 "행복한 노후를 위한 7가지 지혜"를 소개한다.

하나, 진정한 자립과 행복의 주체로 서야 한다. 자립에 대하여 '타인에게 의존하지 않고 살아가는 것', '자신의 지혜로 생을 꾸려간다는 것'이라고 정의하고 있다. 이런 자립은 '자율정신'을 바탕으로 성립된다고 강조한다. 누구나 노년이 되면 중년, 장년 때와는 생활방식이 달라지기 마련이다. 이를 인식하는 것으로부터 자율은 시작된다. 노화를 받아들이고 나이에 걸맞은 건강을 지향하는 것이 자연스럽다.

둘, 죽을 때까지 일을 가져야 한다. 정년 이후 내가 하고 싶었던 취미활동을 하면서 여생을 보내야 한다. 이제 노인의 경제활동은 현실적인 문제가 되었다. 노인이 되어도 인생은 목표를 요구한다. 그것 없이는 제대로 살아갈 수 없기 때문이다. 사람은 주는 것이 더 많아졌을 때 비로소 어른이 된다. '어떤 도움을 받아낼 수 있는가'를 '무엇을 해 줄 수 있는가'로 생각하면서 자신의 임무를 찾아내고 묵묵히 수행하는 것, 그것이 노인이 된 사람이 지녀야 할 고귀한 정신이다. 일상에 있어 요리와 청소, 세탁 같은 가사는 누구나 할 수 있는 일이며, 죽을 때까지 따라다닌다.

셋, 늙어서도 배우자, 자녀와 잘 지내야 한다. 부부가 원만한 관계를 유지하려면 하고 싶은 대로 하려는 마음과 양보하려는 마음의 수위를 조절할 줄 알아야 한다. 한마디로 어른이라면 적당한 선에서 양보하고 타협할 줄 아는 지혜가 필요하다는 말이다. 문제는 이를 지속하는 것이 어렵기 때문에 갈등이 발생한다. 부모가 자녀에게 베풀 수 있는 중요한 유산 중 하나는 '깨끗한 이별'이다. 자녀를 가르쳐 최종적으로 독립할 때가 되었을 때, 자녀 앞에서 아무렇지도 않은 듯 조용히 사라진다는 것은 결코 쉬운 일이 아니다. 사람은 누구나 자기가 베푼 일에는 항상 감사를 받고 싶고, 또 자기 손으로 무언가를 주었다면 상대방에게 꼭 확인받고 싶어 한다. 하지만 부모의 애정이란 사심 없는 사랑이기에 가능하다.

넷, 돈에 얽매이지 않아야 한다. 인생에 있어 금전문제는 낮은 차원의 이야기이다. 이런 것일수록 단순하고 명쾌한 자기만의 규칙을 만들어 지켜나가는 것이 필요하다. 분수에 맞게 즐길 수 있는 취미를 찾아 그 안에 나를 가두는 '규모'를 지키는 것이 중요하다.

다섯, 고독과 사귀며 인생을 즐겨야 한다. 노년의 삶은 고독한 게 당연하다. 그렇기 때문에 노년의 일과는 고독을 견디며 그 속에서 나를 발견하는 것이다. 나이가 들수록 함께 어울릴 수 있는 사람은 줄어들게 마련이다. 그러므로 혼자 노는 습관을 익혀둘 것을 권한다.

여섯, 늙음, 질병, 죽음과 친해져야 한다. 나이가 들어 습관처럼 몸에 배는 '노인성'에는 두 가지 기둥이 있다. 하나는 이기적으로 행동하는 것과 또 하나는 인내심이 사라지는 것이다. '나이를 먹었다'의 특징, 또는 슬픔이라고 해도 좋다. 사람마다 차이는 있을망정 이 두 가지 노인성은 노년에 접어든 거의 모든 사람에게서 발견된다.

일곱, 신(神)의 잣대로 인생을 바라보아야 한다. 나이가 들면서, 몸이 부자유스러워지고, 아름다운 용모가 추해지면서, 사회적인 지위를 상실하면서 우리 스스로 노년을 이해하게 되고, 그 와중에 또 한 번의 성장을 거듭한다. 하지만 인간의 시점만으로 인간의 세계를 통찰하기는 쉽지 않다.

은퇴를 한다면, 뒤돌아보지 말고 지금까지 하고 싶었던 일들을 시작해야 한다. 오늘이 내 남은 인생의 첫날처럼 내가 추구하는 참된 행복인 진리를 향한 공부에 매진해야 한다.

프랜시스 베이컨은 이렇게 말하였다.

"누구도 해낸 적 없는 성취란, 누구도 시도한 적 없는 방법을 통해서만 가능하다."

2막 인생의 선택을 블루오션, 즉 남들이 하지 않는 일을 찾아 자기의 본성과 재능을 살려 몰입하는 것도 좋은 방법이다.

PART 7

마흔이후,
역전골을 넣은
사람들

이 세상에 위대한 사람은 없다.
단지 평범한 사람들이 일어나 맞서는
위대한 도전이 있을 뿐이다.

- 윌리엄 프레데릭 홀시 -

82세에 프로그래머,
구글 본사에서 강의까지

- ●
- ●
- ○

> "화가 파블로 피카소와 첼리스트 파블로 카잘스,
> 그리고 미켈란젤로는 80대와 90대에도 여전히 작품
> 활동을 하였다. 만약 누군가가 그들에게 70대에 '당
> 신에겐 미래가 없다.' 라고 말하며 그의 활동을 말렸
> 다면 어찌 되었겠는가?"
>
> _마가릿 엘웰

애플 CEO 팀 쿡은 와카미야 마사코가 지은 책 〈나이 들수

록 인생이 점점 재밌어지네요〉의 추천사에 "와카미야 마사코는 우리에게 영감을 주는 존재입니다."라고 극찬하였다. "나이 들었다고 할 수 없는 일은 없다."라고 말하는 와카미야 마사코는 주위 사람들에게 100세 시대의 롤 모델로 등장하게 되었다. 고령화 사회가 점점 심화되어가고 있는 일본에서는 마사코에게 큰 관심을 두게 된다. 그녀는 여든이 넘은 나이에도 넘쳐나는 호기심을 즐기고 싶어 하기 때문이다.

마사코는 프로그래밍 독학을 통해 6개월 만에 82세에 아이폰용 게임 앱을 개발하는 데 성공한 사람이다. 사람들과 소통하는 것을 좋아하던 마사코는 은퇴 후 치매를 앓는 어머니를 돌보며, 제한된 환경 때문에 사람들과 예전처럼 자주 만날 수 없게 된 것을 걱정하였다. 그러던 중 집 안에서도 사람들과 소통할 수 있다는 말에 컴퓨터를 익히기 시작하였다. 이것이 그녀를 활발한 시니어로 이끌어 줄 인생의 전환점이 되었다.

그녀는 "디지털 기술이 자신의 삶에 날개를 달아 주었다."라고 말한다. 노인 인터넷 커뮤니티에서 동년배 사람들과 연락을 주고받는 용도로만 쓰이던 마사코의 컴퓨터는 '창조의 도구' 역할을 하기 시작한 것이다.

그녀는 시니어를 위한 인터넷 커뮤니티인 '멜로우 클럽'에 가입한 것을 계기로 디지털 세상에 매료된다. 그리고 점점 일본 언론의 주목을 받기 시작하였다. 마사코는 넘치는 의욕으로

'노인을 위한 모바일 앱 만들기'에 도전하였다. 그녀는 6개월 동안 스스로 책을 읽어가며 iOS 프로그래밍 언어 '스위프트'를 공부하였고, 모르는 부분은 정기적으로 인터넷 화상통화로 프로그래밍 전문가에게 자문을 받았다고 한다. 1년간의 고군분투 끝에 마사코는 '히나단'이라는 스마트폰 게임 앱을 만드는 데 성공하였다. 남녀노소 모두 쉽게 즐길 수 있는 그 게임은 의미 있는 도전의 결과였다.

마사코의 도전은 애플의 CEO 팀 쿡에게도 감명을 주었다. 그녀는 WWDC 세계개발자회의에 초대되어 팀 쿡과 직접 인터뷰하였다. 그렇게 마사코는 '세계 최고령 앱 개발자', '노인들의 스티브 잡스' 등으로 불리며 세계적인 주목을 받았다. 일본에서 '인생 100세 시대의 롤 모델 상'을 수상한 와카미야 마사코는 여든이 넘은 나이에도 노인과 아이들을 대상으로 코딩을 가르치고 봉사활동을 하는 등 여전히 현역으로서의 삶을 즐기고 있다.

사무용으로만 사용하던 엑셀의 네모 칸 안에 색을 칠하는 방식으로 패턴과 디자인을 만들어 엑셀아트를 만들었고, 엑셀을 어렵게 생각하던 중년 여성들이 재미를 느끼게 만드는 데 성공하였다. 이렇게 탄생된 엑셀아트 디자인은 옷이나 가방 등을 만드는 데 쓰이기도 한다. 엑셀아트로 유명해진 마사코는 '테드X도쿄'에 강사로 초대됐고, "컴퓨터를 통해 날개를 얻은 체험담"을 공유하였다. 청중들에게 "디지털 삶을 누리라"고 강조한다. 그녀는 "인생 뭐 있어? 마음 가는 대로 사는 거지!", "도대체 그깟 나이가 뭐라고!" 나이 듦에 대한 두려움을 설렘으로 바꾸고 근심을 소멸시키는 내용의 에세이집도 출간하였다.

40년을 은행에서 성실하게 근무한 마사코는 정년퇴직 후 인터넷을 통해 새로운 세상을 접하고 이전보다 더 모험을 즐기며 살아가고 있다. 그녀가 앱 개발자로 거듭날 수 있었던 건 특유의 유연성과 긍정적인 사고(思考)에서 비롯되었다고 한다.

하나, 싫은 일은 굳이 하지 않기
둘, 오전의 실패는 오전 중에 잊기
셋, 규칙적으로 지내려 노력하지 않기
넷, 하고 싶은 게 있다면 일단 시작하기
다섯, 완벽을 추구하지 않기
여섯, '나는 나'라는 생각으로 뻔뻔해지기

마사코는 건강을 위해 지나치게 식단을 조절하거나 잠자는 시간을 준수할 필요는 없다고 말한다. 무언가를 선택할 때 그저 "자신이 즐거운가?"를 중심으로 생각하라고 말한다. 그녀는 어머니가 돌아가신 후 1인가구로 살고 있다. 마사코는 여든이 넘은 나이에 혼자 살고 있지만 외로울 시간이 없다. 마사코가 고독과는 거리가 먼 삶을 사는 비결은 무엇일까. 바로 왕성한 호기심으로 '하고 싶은 일'을 찾아서 뛰어드는 것이다. 이때 주위 사람들을 의식하지 말고 조금은 뻔뻔해질 필요가 있다.

마사코는 흥미가 있거나 해 보고 싶은 일을 발견하고도 '이 나이에 너무 늦었어.', '여자인 내가 어떻게.', '우리 회사에서는 안 돼.', '여기는 시골이야.' 하며 여러 가지 핑계로 주저하고 포기하는 사람들이 안타깝다고 말한다. 꼭 잘해야 할 필요는 없다고 주장한다. 어떻게든 한 발 앞으로 나가보면, 몇 살이든 누구나 시작할 수 있다고 말한다.

시작할지 말지는 자기가 결정할 일이다. 누군가 비웃으면 웃어넘기라고 말한다. 마사코가 말하는 대로 서두르지 않고 느긋하게, 자신에게 소소한 즐거움을 주는 일을 하나씩 추구하다보면 나이와 상관없이 자신의 삶을 조금씩 윤택하게 바꿀 수 있다는 것이다.

마사코는 올해 85세이다. 코딩을 직접 하는 프로그래머이며, 앱 개발자이며, 크리에이터다. 또한 자신의 이름으로 책을 쓰고, 전 세계를 다니며 강연하고, 번역기 하나만 들고 해외를 자유롭게 다니는 여행가이다. 살아 있는 한 멈추지 않는 '모험심'이 마사코의 힘의 원천이다. 모험하는 삶을 사는 사람은 절대 늙지 않는다.

인생 2막의 대표 아이콘, 유튜버 박막례!

- ●
- ●
- ○

"늙음이란 절망의 이유가 아니라 희망의 근거이며, 천천히 쇠락하는 것이 아니라 점진적으로 성숙하는 것이며, 견디어 낼 운명이 아니라 기꺼이 받아들일 기회다."

_헨리 나우웬 & 월터 개프니

얼마 전, 100만 명의 구독자를 돌파한 '유튜브 국민스타' 박막례 할머니가 세계지식포럼에서 유튜브 창업자인 스티브 첸을 만났다. 두 사람은 그곳에서 '빈대떡이 뒤집어지듯 인생이 확 바뀐 마법'의 비밀에 대한 대담을 하였다. 지난 2019년 4월 에는 유튜브 최고경영자 CEO인 수전 워치츠키가 그녀를 만나 기 위하여 한국을 찾았고, 박막례 할머니의 폭발적인 인기에 대하여 구글 대표인 순다르 피차이는 "가장 영감을 주는 채널" 이라고 극찬하였다고 한다. 또한 그녀의 자전적인 이야기를 담 은 책 〈박막례 이대로 죽을 순 없다〉는 베스트셀러에 올랐다. 포털사이트에서 검색하면 '화제의 인물'로서 프로필이 뜨는 박막례 할머니는 어떻게 이런 유명한 크리에이터로 자리 잡게 된 걸까?

그녀의 인생 2막은 치매 위험 진단에서 시작되었다. 할머니 가 병원에서 치매 위험 진단을 받았다는 소식을 들은 손녀 김 유라가 직장도 그만두고 달려와 호주 여행을 가자고 조른 것이 다. 손녀와 함께 무작정 떠난 호주 여행이 박막례 할머니의 인생 후반전 시작이 될 줄은 아무도 몰랐다. 박막례 할머니 인 생의 첫 자유여행이었던 호주 케언즈에서의 시간은 그녀를 다 시 태어나게 하였다. 여행을 다녀오고 가족들을 위하여 올린 영상이 한 커뮤니티에 소개되면서 조회수가 100만을 훌쩍 넘 었지만 그 뒤로는 금방 잠잠해졌을 뿐이었다.
하지만 할머니와 손녀가 함께 보내는 시간을 더 늘리면서 콘텐츠는 무궁무진하게 생겨났다. 분위기 있는 식당으로 파스

타를 먹으러 가는 것이나 인스타그램과 같은 SNS를 사용하는 것도 할머니에게는 새로운 도전이었다.

그녀의 손녀인 김유라 PD는 평소에 메이크업을 잘하는 할머니의 뷰티영상을 재미삼아 찍어보았다. '치과 들렀다 시장 갈 때 메이크업'은 하루아침에 조회수가 100만을 넘었고, 여기저기서 난리가 났다. 박막례 할머니는 유튜브 시장에서 정말 특별한 캐릭터였던 것이다. 시장 갈 때 메이크업이 화제가 된 후 단시간에 15만 구독자를 달성하면서 거의 모든 영상의 조회수가 10만 뷰를 넘겼다.

"삶을 부침개 맹키로 확 뒤집었다."라는 표현이 딱 맞다. 박막례 할머니의 현재 직업은 유튜브 크리에이터다. 평생 고된 일을 하며 살다 치매 위험 진단을 받은 평범한 할머니가 순식간에 인생 역전골을 넣은 것이다. 지금까지 이런 독보적인 캐릭터는 없었다.

여자라는 이유로 공부할 기회도 없이 집안일만 하다 남편을 만나서도 50년을 죽어라 일만 했던 할머니는 우리 주변에서도 쉽게 볼 수 있는 사람이다. 그녀는 막일, 파출부, 식당일, 리어카 과일 장사, 엿 장사, 꽃 장사, 떡 장사, 서른일곱에 식당을 차리고, 500만 원 빌리는데 보증을 섰다가 5,000만 원을 대신 갚아 주고, 사기를 당하고, 식당을 하면서 세 자녀를 키웠다. 70

세가 되던 해에 박막례 할머니는 인생을 아예 포기해버렸다. 그냥 관 뚜껑 덮을 때까지 일만 하다가 갈 팔자려니 했다고 한다.

하지만 "쥐구멍에도 볕 들 날 있다"고 했던가?

71세가 되던 해, 할머니의 인생은 확 달라졌다. 촌스러운 화장과 구수한 말솜씨와 유쾌한 욕설, 가감 없는 일상생활 덕분에 친근감을 느끼는 구독자가 많으며, 각자의 할머니가 생각난다는 반응도 많았다.

할머니는 사진촬영을 요청하면 귀찮아하지 않고 받아주고, 기뻐하며 팬들에게 고마워한다. 그녀의 특이한 맞춤법과 독특한 의사소통(?) 방법은 사람들을 웃게 만들어 주었다. 또한 자신의 '팬'을 '편'이라고 부르는 것도 그녀를 개성적인 크리에이터로 만드는 것에 보탬이 된 요소라고 볼 수 있다.

이처럼 우리 주변에서 볼 수 있는 친숙한 할머니인 박막례 할머니는 이제 해외에서도 유명한 편이다. 세계적인 패션 전문 잡지 보그(VOGUE)에 소개된 적이 있으며, 인터뷰 중 "손녀에게 스타일을 조언해 줄 게 있다면?"이라는 질문에 "손녀가 자기 방을 치우는 게 먼저이고, 그것 말고는 스타일은 문제가 없다."라는 박막례 할머니다운 명답을 남겼다.

매일 일상생활이 도전이고 호기심이 넘치며, 어딜 가도 멀미

한번 안 하는 박막례 할머니에게 한국은 이제 너무 좁다. 나이가 많으니 세상을 살아가는 감각이 무디어졌을 거라는 사람들의 예측을 깨고, 모든 사물을 대하는 태도가 반짝반짝 빛난다. 그것은 잊혀져버린 자기 자신을 찾는 과정이거나 경험하지 못한 변화된 세상의 모든 것을 어릴 때처럼 호기심 많은 눈으로 재조명하는 순간일 수도 있다.

왜 우리는 변화가 없는가?

지금까지 사는 습관에서 벗어날 용기가 없고 두렵기 때문이다. 사는 곳에서 사는 습성대로 살아야 안전하고 편하기 때문이다. 실패하더라도 시도는 해 보자. 하기 전에 변명과 핑계가 너무 많다. 우리가 다니던 길만 다니면 변화도 모르고 감동이 없으므로 새로운 길을 개척해야 한다. 우리 모두는 언젠가는 죽는다. 후회 없는 삶을 살기 위해서는 지금 도전을 시작해야 한다.

박막례 할머니는 못 배운 한이 많은 사람이다. 새로운 것이라면 눈을 반짝이며 배운다. 우리도 그 점을 배워서 새로운 시선으로 세상을 바라보아야 한다.

콘텐츠는 특별한 것이 아니다. 개인의 삶은 평범하지만 각각의 개성은 타인과 다르다. 이 세상에 완전히 똑같은 인생이란 없다. 같은 일도 어떻게 받아들이고 말하느냐에 따라 사람들의 반응이 달라진다. 박막례 할머니는 많은 노년 여성들에게 큰 희망이 되고 있다.

그녀는 특별한 구석 없이 묵묵히 자신의 삶을 살아오고 그렇게 자신만의 이야깃거리를 가지게 된 사람이다. 그녀는 우리에게 '할 수 있다!'와 같은 메시지를 온몸으로 던지고 있다. 박막례 할머니가 살아온 삶이 증명하듯 인생은 끝까지 모를 일이다. 끝났다고 포기하기에는 아직 남은 삶이 많다. 끝날 때까지 끝난 게 아니다(It ain't over till it's over). 부침개처럼 삶이 확 뒤집히는 날을 만들어 보자.

망한 순댓국집 사장에서
65세 슈퍼모델이 된 김칠두

-
-
○

> "노화에 대한 치료법은 관심과 열정과 일이다. 인생의 황혼기는 앞서 보냈던 낮의 특성을 반영할 것이다. 만약 당신이 낮을 잘 보냈다면, 틀림없이 저녁에도 즐거움을 발견할 것이다."
>
> _조지 메이슨

요즘 가장 핫한 모델을 꼽으라면 단연 '김칠두' 씨다. 영화관에서 영화 상영 전이나 TV로 방영되는 유명 CF에서 본 적이 있을 것이다. 그는 수많은 베이비붐 세대 속에서 보란 듯이 성공한 사례이다. 자신의 꿈을 포기하고, 가족의 생계를 위해 노동에 매달려야 하는 것이 보편적이었던 베이비붐 세대의 은퇴가 시작되는 이 시점에 그의 등장은 매우 획기적이었다. 그는 더 이상 60대가 은퇴하고 쉬는 나이가 아님을 보여준다.

20대의 김칠두는 모델이 꿈이었다. 그는 어렸을 때부터 옷에 관심이 많아 고등학교를 졸업한 후 큰누나가 일하는 의상실에서 일을 도왔다. 그는 일을 하면서 오늘날의 국제 패션 디자인 직업전문학교인 국제복장학원에 다녔다. 학원에 다니면서 모델 대회에서 몇 번 입상을 하자 주위 사람들도 모델이 천직이라고 그를 부추겼지만, 현실은 순순히 도와주지 않았다. 그를 계속 지원해 줄만큼 집안이 넉넉하지 못했던 것이다.

학원을 그만두고 생계를 위해 돈을 벌 수밖에 없었던 그는 꿈에 대한 미련을 버리지 못하고 남대문 시장에서 지퍼 도매상, 의상 디자인 등 옷과 관련된 일을 계속하였다. 직접 디자인한 옷을 팔기도 했지만, 잘 팔리지는 않았다.

그때까지만 해도 패션잡지, 컬러북 등을 보면서 꿈을 놓지 않았지만, 삶은 그에게 꿈꿀 시간조차 주지 않았다. 그는 시간이 갈수록 사는 것에 치여 생계유지에 집중할 수밖에 없었다. 결혼 후에는 쌀 도매, 연탄배달, 과일가게 등 돈을 벌 수 있는 일이라면 뭐든지 하였다. 그러다 여유자금이 생겨 아내와 함께 시장 한구석에 순댓국 가게를 열었다.

　아내와 종일 일하다가 저녁에 순댓국 한 그릇에 소주 한잔 하는 것이 낙이었다고 그는 말하였다. '나중에 여유가 생기면 순댓국 장사를 해 보자'라고 했던 꿈이 이뤄진 셈이었다. 장사가 잘되자 나중에는 공장도 차리고 가게도 확장했고, 다른 식당을 차리기도 하였다.

　하지만 점점 시들해지는 수익과 밀려드는 프랜차이즈 식당의 경쟁력에 내몰렸다. 결국 빚을 안고 서울로 올라온 그는 당시 63세였다. 공사 현장에도 나갔지만 체력이 부족했으며, 할 줄 아는 건 요리와 장사뿐이라 요식업에 취업면접을 보러 갔지만 나이 든 사람을 써주는 곳은 없었다.

　삶이 막막해진 그는 앞으로 어떤 일을 할지 고민하면서 딸과 대화를 나눴다. 딸은 아빠가 잘하는 걸 하라는 조언을 남겼다. 그렇게 김칠두의 마음 깊숙한 곳에 묻어뒀던 꿈과 그때의 모습이 다시금 떠오른 것이다. 그는 딸 김린 씨가 아르바이트로 모은 돈으로 모델학원에 등록하여 시니어모델이 되었다.

　"서 있는 자세부터 배웠습니다. 어렵진 않았지만 나이가 있다 보니까 동선(動線)을 자꾸 잊어버렸죠. 헷갈리지 않으려면 연습을 계속하는 수밖에 없었습니다. 수업을 듣고 집에 가면 뿌듯했습니다. 집에서도 옷을 차려입고 거울을 보고 자세와 표정을 연습했죠. 힘들지는 않았습니다. 즐거웠죠. 몸에 꼭 맞는 옷을 입은 기분이었습니다."

모델계의 테리우스 65세 신인모델 김칠두, 그는 국내 최초로 패션위크로 데뷔한 시니어 모델이다. 김칠두라는 은빛 모델은 그 나이에 소화하기 힘든 콘셉트도 경험하는 등 다양한 시도를 하고 있다. 2년차 신인으로 시니어 모델수업은 일주일에 한 번이지만 그는 거의 매일 학원에 가서 연습하고 있다. 여러 가지 다양한 활동으로 무대에 꾸준히 설 수 있도록 준비하는 것이다.

모델로서 제2의 인생을 시작하게 된 김칠두의 목표는 세계 4대 패션쇼에 서는 것이다. 파리, 밀라노, 뉴욕, 런던 컬렉션 중 한 곳에 오르고 싶다고 한다. 길게 뻗은 런웨이 무대 위로 성큼성큼 걸어오는 키 181cm의 김칠두 모델은 촬영에도 적극적이다. 사진작가가 촬영 콘셉트를 먼저 말해 주지 않을 때는 직접 물어본다. 또 다양한 촬영구도, 콘셉트 등을 제안하기도 한다. 그만큼 그는 나이에 연연하지 않고, 망설이지 않고 자신의 꿈을 향해 걸어가고 있다.

그는 노인을 위한 실버 모델이 아니라 젊은 모델들과 경쟁하며 일하는 정규 모델이다. 그는 중장년을 타깃으로 하는 브랜드와 1020세대를 타깃으로 하는 스트리트 패션 브랜드와도 함께 일한다. 그는 데뷔 1년도 안 돼서 룩북(Look Book)을 10개나 찍었다. 그를 원하는 패션 브랜드는 계속해서 늘어나고 있다.

중요한 것은 그가 자신의 인생을 대하는 태도이다. 김칠두는 아무리 힘이 들어도 솔선수범하고 성의를 다하여 먼저 챙긴다. 그는 능동적으로 촬영에 참여하는 모델이다. 그는 지금의 트렌드에 뒤처지지 않는 감각을 가지기 위해 꾸준히 배움을 이어나가고 있다. 촬영을 하다 머리에 물을 묻히고 사진을 다시 찍는 등 자신의 생각을 행동으로 바로바로 실천한다. 정말 끊임없는 노력파다. 그는 웬만한 20대보다 넘치는 에너지로 자신의 길을 개척하고 있다.

인생의 풍파로 다져진 그의 의지는 이제 굳센 힘을 갖고 인생 2막을 열었다. 용기보다 중요한 것은 바로 의지이다. 나이가 들어도 무언가를 새롭게 배우려는 의지가 있으면 인생에 생기가 돌고, 역전골을 넣을 기회가 주어지는 법이다. 만약 김칠두 씨가 모델 학원에 등록했으나 자신보다 어린 사람에게 배우는 것에 불편함을 느끼고 그만두었다면 지금처럼 유명한 모델이 되지 못했을 것이다. 그는 철저한 노력으로 자신의 꿈을 이루었다. 당신도 의지를 갖고 노력을 실천한다면 못 이룰 꿈은 없다.

76세에 붓을 들어 미국의 국민화가가 된 모지스

●
●
○

> "우리 세대의 가장 위대한 발견은 인간이 자신의
> 마음자세를 바꿈으로써 삶을 바꿀 수 있다는 사실을
> 발견한 것이다."
>
> _윌리엄 제임스

　미국인들이 가장 사랑하는 예술가 중 한 사람으로 손꼽히는
화가인 미국의 국민화가 모지스는 "인생에서 너무 늦은 때란
없다."라고 말하였다. 그녀는 88세에 '올해의 젊은 여성'으로

선정되었고, 그녀의 100번째 생일은 '모지스 할머니의 날'로 지정되었다. 이후 존 F. 케네디 대통령은 그녀를 '미국인의 삶에서 가장 사랑받는 인물'로 칭하였다. 76세부터 101세의 나이로 세상을 떠나기 직전까지 왕성하게 활동하며 1,600여 점의 작품을 남겼다.

1860년에 태어난 모지스는 12세부터 15년 동안 가정부 일을 하다가 남편을 만난 후 버지니아에서 농장생활을 시작하였다. 이후 뉴욕, 이글 브리지에 정착해 열 명의 자녀를 출산했지만 다섯 명이 죽고 살아남은 다섯 아이들을 잘 키웠다. 그녀의 나이 76세 때, 평생을 농장 아낙으로 살던 그녀의 소일거리였던 자수가 관절염 때문에 어려워지자 바늘 대신 붓을 들어 그림을 그렸다. 한 번도 배운 적이 없었지만 그녀만의 아기자기하고 따뜻한 그림들은 어느 수집가의 눈에 띄어 세상에 공개되었다.

'모지스 할머니' 애나 메리 로버트슨 모지스가 본격적으로 그림을 그리기 시작했을 때, 모든 사람들은 너무 늦었다고 말하였다. 그러나 모지스는 무언가를 시작하기엔 '지금'이 제일 좋은 때라고 받아치는 호쾌한 할머니였다. 그녀는 그림을 시작한 지 5년만인 80세에 개인전을 열었고, 100세에 세계적인 화가가 되었다.

'늦은' 나이에 취미삼아 시작한 그림이었지만, 모지스 할머니의 그림은 사람들을 매료시키기에 충분하였다. 라디오와 텔레비전 출연은 물론이고 당시 여성으로서는 드물게 93세에 〈타임〉지 커버를 장식하였다. 그녀를 주인공으로 한 다큐멘터리도 제작되었다. 92세에는 자서전을 출간하여 베스트셀러가 되었다. 그 책에서 모지스 할머니는 말한다. "정말 하고 싶은 일을 하세요. 신이 기뻐하시며 성공의 문을 열어주실 것입니다. 당신의 나이가 이미 80이라도." 〈인생에서 너무 늦은 때란 없습니다〉라는 모지스 할머니의 자서전과 사랑이 넘치는 그림 67점을 한데 모아 엮은 그녀의 자전 에세이 책이다. 늘 누군가의 도움에 기대기보다 자기 힘으로 살아내고 싶었다는 모지스 할머니의 모습이 그려져 있다. 책을 통해 그녀의 일상을 들여다보는 것만으로도 다시금 무엇이든 시작할 수 있는 용기와 위로를 얻게 된다.

무언가를 시작하기엔 이미 늦었다고 생각될 때, 달라질 수 없을 거라는 막막함이 덮쳐올 때, 끝까지 자신의 인생을 사랑하고 싶다면 모지스에게서 배워야 한다. 그녀는 국민화가가 되어 언론의 주목을 받았을 때에도 담담히 말하였다.

"늘그막에 찾아온 유명세나 언론의 관심에 신경을 쓰기에는 나는 나이가 너무 많아요. 그보다는 다음에 어떤 그림을 그릴지 생각합니다."

늦었다고 생각할 때가 가장 빠른 것이고 늦은 만큼 더욱 열정을 가질 수 있는 장점이 있다. 하고자 하는 일을 발견한 기쁨으로 정열을 불태울 수 있는 것이다. '인생은 타이밍'이라는 말은 변명에 불과하다. 타이밍은 스스로 직접 만들어야 의미가 있다.

마흔부터 시작한 운동으로 성공한 '마녀체력' 이영미 작가

●

●

○

"몸과 마음이 하나라는 사실을 기억하라. 어디에 마음을 놓든 간에 신체 또한 그곳에 놓이게 된다. 그리고 그 결과로 다양한 일들이 나타난다."

_엘렌 랭어 교수

2019년 8월 14일, 〈마녀체력〉의 저자 이영미 작가의 특강을 들었다. 강의 첫마디가 "체력 하나만 달라져도 인생의 많은 것들이 변한다. 무언가를 이루려면 체력부터 키워야 한다."라는 말이었다. 그 말이 지금도 잊히지 않아 꾸준히 운동하며 책을 쓰고 있다.

이어서 그녀는 먼저 25년간 책을 만드는 에디터로 일하며 170여 권의 책을 만들었고, 153cm의 키에 마른 체구의 저질체력이었다고 본인을 소개하였다. 30대에 벌써 고혈압 진단을 받았으며 자전거, 수영, 마라톤, 철인삼종을 시도하게 된 계기와 완주한 경험담을 들었다. 잠잘 시간도 부족했던 작가가 시간을 내어 운동하다 보니 자신감이 붙고 일도 잘 풀렸다는 흥미로운 내용이었다.

〈마녀체력〉의 부제는 '마흔, 여자가 체력을 키워야 할 때'이다. 대부분 사람들은 운동이야기를 꺼내면 다이어트나 몸매 가꾸기 정도로 우선 판단하게 된다. 그러나 이영미 작가는 그 수준을 한참 뛰어 넘는다. 몸과 마음을 함께 수련함은 물론이며, 철인삼종, 풀코스 마라톤, 울트라자전거 등 강도가 엄청난 운동이다. 지금은 운동 때문에 '부창부수(夫唱婦隨)'를 실천하며 부부는 물론 자녀들까지 온 가족이 즐겁다고 한다.

그녀는 책 출간 이후로도 계속 강의를 함으로써 많은 사람들을 건강한 생활로 이끌어 주고 있다. 그녀는 평탄하고 무난한 삶보다는 인생을 살면서 어떤 좌절도 극복할 수 있는 힘을 축적하라고 권한다. 우리나라도 외국처럼 학생들의 생활기록부에도 입학시험과 취업시험에도 운동을 한 실적에 따라 학점이나 가산점을 주어 장려하는 제도를 도입하자고 강조하고 있다.

　나 또한 운동이 최고의 보약이며, 운동으로 체력이 강해지면 생활이 즐겁다는 말에 절대적으로 공감한다. 아무리 몸에서 안 받아 주고 힘이 들어도 처음에는 천천히, 조금씩, 꾸준히 시작하라는 이야기도 들었다. 이영미 작가도 과거에 워낙 저질체력이라 점진적으로 노력하였기 때문에 달성이 가능했다고 한다. 그녀가 말하길, 마흔부터 시작한 운동이지만 지금은 운동하지 않으면 오히려 이상할 정도라고 한다.

　이영미 작가의 강연을 들으며, 중국의 작은 거인으로 불리는 등소평(덩샤오핑)의 키 153cm가 생각이 났다. 나도 할 수 있다는 자신감이 생겼으며 노력하면 저렇게 작은 체구에서 뿜어져 나오는 에너지가 그녀의 존재감을 더욱 돋보이게 만들었다. 그녀의 당당한 모습에서 앞으로도 많은 활동이 기대되었다. 이영미 작가는 더 나이가 들어 자전거 페달도 밟기가 어려워지면 전기자전거로 많은 동우회원들과 함께 장거리 사이클을 하고 싶다고 하였다.

　특히 삶이 불안해지는 변곡점의 나이인 40세에는 꼭 운동을 시작하라고 그녀는 외친다. '책상에만 앉아 인생을 헛살 뻔했다'라는 작가의 경험담을 새겨들을 필요가 있다. '고장 잘나는 기계'인 사람의 몸은 운동으로 기름칠을 해 주어야 한다. 지금부터라도 바로 운동을 시작하자. 작가는 철인삼종에 응원 나온 아들의 미래를 생각하여 수영 도중 죽은 쥐가 둥둥 떠다니는 것을 보고 포기할 뻔했던 경기를 완주하게 되었다는 경험담을 들려주었다.

이영미 작가는 또 웹툰과 드라마로 유명한 〈미생〉을 예로 들었다. 바둑사범이 바둑만 두기보다 운동으로 체력부터 먼저 키우라고 강조하였다는 이야기다. 운동으로 체형을 유지하는 88세의 세계최고령 현역 모델 카르멘 델로피체 사례도 들려주었다.

최고의 치매예방법은 운동이다. '시간이 나면'이 아니고 '지금 당장' 하지 않으면 안 된다. 자기 자신이 제일 절박하기 때문에 본인의 의지가 무엇보다 중요하다. 이영미 작가는 중장기 인생을 미리 대비하는 마음가짐을 가져야 운동하게 된다고 하였다. 은퇴 후 즐거운 여행을 하려면 체력부터 먼저 길러 두라는 것이다.

조금씩이라도 시작하게 되면 당장 지금의 부정적인 생각들이 많이 바뀌게 되며, 바라던 일이 술술 풀리는 느낌을 갖게 된다는 경험담을 알려준다. 요즘 할머니들이 많이 하는 '손주 돌봐주기'도 체력이 되어야 가능하다며 당장 걷기나 수영부터 시작하라고 한다. 그녀는 나이가 들수록 게으름, 나태, 권태, 짜증, 우울, 분노 등 모든 것은 체력이 버티지 못하여 정신이 몸의 지배를 받아 나타나는 현상이라고 한다.

　나도 운동의 좋은 점을 최근에야 더욱 실감하게 되어 열심히 하고 있다. 복부지방 제거를 위하여 고가의 PT 훈련도 받았고, 레포츠에도 다녔으며, 지금은 동네 공원에 있는 운동기구로 준비운동을 한 후 헬스장과 등산을 꾸준히 하고 있다.

　운동에서 배울 수 있는 것은 매우 많다. 체력도 키우고 역경을 이겨내는 방법을 배울 수 있다. 자신의 한계를 넘어서는 성취감은 삶의 질을 크게 높여주고, 인생을 바라보는 태도의 변화를 일으킨다. 그러니 당장 일어나 운동을 시작하자. 처음엔 가볍게 차근차근 나아가면 되는 것이다.

맺는글

●
●
○

"인생의 가장 큰 비극은 우리는 너무 일찍 늙고, 너무 늦게 현명해진다는 것이다(Life's Tragedy is that we get old too soon and wise too late)."

_벤저민 프랭클린

사전적으로 청년이란 신체적으로나 정신적으로 한창 힘이 넘치는 시기에 있는 사람이다. 그래서 나는 아직 청년이라고 자부한다. 은퇴가 삶의 종착역은 아니다. 100세 시대의 도래로 은퇴시기가 더 길어질 수 있다. 은퇴기간을 길지 않게 만들려면 현직에서 더 오래 하면 된다. 은퇴를 해도 끈질기게 청년으로 살면 된다. 평생 직업을 가지고 평생공부를 하면 은퇴로 볼 수 없다. 사람을 늙게 만드는 것은 은퇴라는 말 자체일 뿐이다.

나는 아직 꿈을 꾸는 청년이다. 얼마 전, 손녀가 어린이집을 졸업하면서 받아 온 상장 제목이 "알쏭달쏭 탐구상"이었다.

"위 어린이는 항상 반짝이는 생각들로 친구들에게 새로운 가치와 놀라움을 주었기에 이 상장을 주어 칭찬합니다."로 되어 있는 내용을 보고 우리 손녀가 기특하기도 하고, 원장의 아이디어가 신선하다고 생각하였다.

책상에 "나는 매일매일 모든 분야에서 더욱 더 성공하고 있다."를 적어 붙이고 생활한 나폴레온 힐은 이렇게 말하였다. "생각하라! 그러면 부자가 되리라!"

모든 사람은 본래부터 각자의 정신 속에 일종의 조절기능을 갖추고 있다고 한다. 욕망은 그 기능의 영향을 받으며 각자의 능력과 학습에 의해 수정된다. 당신이 진정으로 바라는 것은 그게 무엇이든 상관없이 이루어져야 한다. 나폴레온 힐은 전 세계적으로 수천만 부나 팔린 그의 불후의 명저 〈생각하라! 그러면 부자가 되리라!(Think and Grow rich)〉에서 "불타는 욕망은 당신의 미래 모습의 한 조각"이라고 주장하였다.

목표는 반드시 분명하고 실현 가능해야 한다. 구체적이고 현실적인 목표와 계획을 세워야 헤매지 않고 목적지에 이를 수 있다. 헛된 꿈을 바라는 것만큼 인생을 낭비하는 일도 없다.

18세기 프랑스의 유물론자인 엘베시우스는 "욕망이 없어지면 정신도 없어진다. 열정이 없는 사람은 행동으로 옮길 원칙이나 실천할 동기를 가지고 있지 못하다."라고 하였다. 타오르는 욕망이 있으면 의지가 약한 사람도 후퇴하지 않고 전진하게 된다. 소극적인 태도를 버리고 적극적인 자세를 가질 수 있다는 것이다. 허무에 빠지지 않고 성실하게 살아갈 수 있다. 그러니 바로 지금 당신이 가장 갈망하는 것이 무엇인지 결정하라.

　UN에서 발표한 새로운 연령 구분으로 보면 "0~17세까지는 미성년자, 18~65세까지는 청년, 66~79세까지는 중년, 80~99세까지는 노년, 100세 이후는 장수노인"이다. 나는 청년을 겨우 지난 중년이다.

　꿈을 이루기 위해서는 다음과 같은 사실을 명심해야 한다.
　하나, 매일매일 새로워져야 한다. 어제의 내가 되어서는 안된다. 새로운 인생을 창조해야 한다.
　둘, 과감히 떠나야 한다. 미치도록 하고 싶은 일을 하려면 망설이지 말고 출발해야 한다. 하나의 세계를 깨고 나가야 새 세상이 열린다.
　셋, 이루고 싶은 목표를 반드시 종이에 기록한다. 그래야 생생하게 머리에 담아두고 시각화하여 행동으로 옮길 수 있다.
　넷, 꿈은 꾸어야 이룰 수 있다.

나는 아직도 꿈을 꾼다. 세계에서 가장 재미있는 책의 저자가 되는 꿈이다. 언젠가는 이룰 것이고 그 준비로 공부를 쉬지 않고 있다.

그동안 나는 생각을 바로 실행하는 실행력과 엉덩이가 짓무르도록 끈기 있게 밀고 나가는 추진력을 많이 연습하였다. 평생학생으로 행복한 노후를 즐기기 위해 힘닿는데까지 공부하여 '성공학 명강사'로 거듭나겠다.

나는 이제까지 노후를 위하여 원하는 목표를 잃지 않으려고 꾸준히 준비하고 기다리는 자세로 물 흐르듯 순리로 살아가고 있다. 직장에서 은퇴했다고 해서 인생에서 은퇴한 것은 아니다. 지금이 가장 젊은 때로 이 순간이 바로 시작할 때이다. 나는 앞으로도 용기 있게 한 걸음씩 나의 새로운 모습을 만들어 나갈 계획이다.

끝으로 베르나르 올리비에의 말을 빌리며 이 책을 마친다.

"나이 듦이란 멋진 것이다. 그것은 인생에서 완전
한 자유를 갖게 되는 특별한 순간이다."
_베르나르 올리비에

마흔이후는, 사람공부 돈공부

40년간 금융기관 및 실전에서 경험한
돈공부 부동산공부 사람공부 노하우

초판 2쇄 발행 | 2020년 7월 10일

지은이 | **박길상**
기획 편집 총괄 | **호혜정**
편집 | **김수정**
기획 | **김민아**
표지 디자인 | **이선영**
본문 디자인 | **신미경**
교정교열 | **호혜정 김수하**
홍보 마케팅 | **최미남 김태현**
펴낸곳 | **리텍 콘텐츠**
주소 | **서울시 용산구 원효로 162 세원빌딩 606호**
전화 | **02-2051-0311** 팩스 | **02-6280-0371**
이메일 | **ritec1@naver.com**
홈페이지 | **http://www.ritec.co.kr**
페이스북 | 블로그 | 카카오스토리채널 | **[책속의 처세]**
ISBN | **979-11-86151-36-5 (03190)**

· 잘못된 책은 서점에서 바꾸어 드립니다.
· 책값은 뒤표지에 있습니다.
· 이 책의 내용을 재사용하려면 사전에 저작권자와 리텍콘텐츠의 동의를 받아야 합니다. 책의 내용을 재편집 또는 강의용 교재로 만들어서 사용할 시 민형 사상의 책임을 물을 수 있습니다.
· 이 도서의 국립중앙도서관 출판예정도서목록(CIP)은 서지정보유통지원 시스템 홈페이지(http://seoji.nl.go.kr)와 국가자료종합목록 구축시스템 (http://kolis-net.nl.go.kr)에서 이용하실 수 있습니다.
(CIP제어번호 : CIP2020011993)

상상력과 참신한 열정이 담긴 원고를 보내주세요. 책으로 만들어 드립니다.
원고투고: ritec1@naver.com